【新版】日本の民話7

津軽の民話

斎藤正 編

未來社

はしがき

青森県は大別して津軽五郡と南部三郡に分つことができる。気候風土も背骨をなす奥羽山脈によって縦に二分せられている。この地域は中央から遠く離れていて、およそ半年間も雪に埋もれた家庭内の生活をよぎなくせられる。これらの社会環境によって、何百年も育《はぐく》まれた伝承文化が散逸することなく受継がれてきたのである。津軽を未開拓の地だというのはここにも原因がある。

津軽の名は古代から使われていた。古書に東日流《つがる》と書いて、それは東国の日出ずる国をあらわし、その後、津刈と書かれ、今の津軽となった。この地方に住んでいた先住民族は蝦夷《えぞ》といわれ、その一種に都加留《つがる》と呼ぶ種族があったと伝えられているが、地名と関係が深いように思われる。通称津軽五郡を〝津軽〟と呼ぶが、何といってもこの地域の中心的存在として岩木山を忘れることができない。みんな〝神山〟と崇めて、地方の人々は季節的にも色々な行事を盛んに行う。また西津軽郡館岡《たておか》の亀《かめ》ヶ岡《おか》から縄文《じょうもん》土器が出土するが、かなり高い文化を持った民族がこの地に住んでいたのではないかと想像される。

私が民話を採集したのには二つの目的があった。一つは城下町を形成する士族町特有の民話の蒐集であり、もう一つは南郡石川字大沢の山村の民話群の発掘であった。採集してみて御家中の民話には原話にその階級独特の語句及び筋の運びを持たせており、山村の民話はその土地の生活文化をありのままに伝承させていた。これは頗る面白い対照であった。

青森県の民話の分布は南部と津軽の民話に分けることができる。津軽では

「むがし、あったじォン」

と語り始めて、必ず末尾を

「とっちばれ」「これきで、とっちばれ」「ここどって、とっちばれ」

などと結び、南部では

「むがし、あったズ」

と語り始め、結語に

「どっとはらい」

と言うので、自らその民話の語られている地域によって分布が劃される。それは地勢の区分とほぼ同じようになっている。民話は又、古い時代には、大人の集まりの折の語り物だったらしいが、現代では、子供を対象にした、大歳の晩とか、甲庚の夜とか、冬の夜中にこたつにあたりながら年寄りが語ってしらせる炉辺《ろへん》の物語りとなっている。津軽では、子供に、

「昼マね、むがしコ語れば、鼠ネ笑われる」

とよく言って、むかし話は昼、語って知らせるものでないという禁忌《タブー》が残っている。

〝津軽の民話〟はこうして、古い時代から今日までこの地に伝承されてきた。素朴なお話の集録であるが、この民話からその時代に生きて話しておった庶民の思想、感情、行動などを読みとっていただき度い。

終りにこの本が出版せられるにあたって、推薦文をお寄せ下さった秋田雨雀先生、又たくさんの図書推薦者各位、特に御高志に与った未來社社長西谷能雄氏に衷心より感謝の心を捧げたいと思う。

弘前市田茂木町《たもぎまち》七四　斎藤　正

津軽の民話　目次

カバー・さし絵　松川八洲雄

〔津軽の地図〕

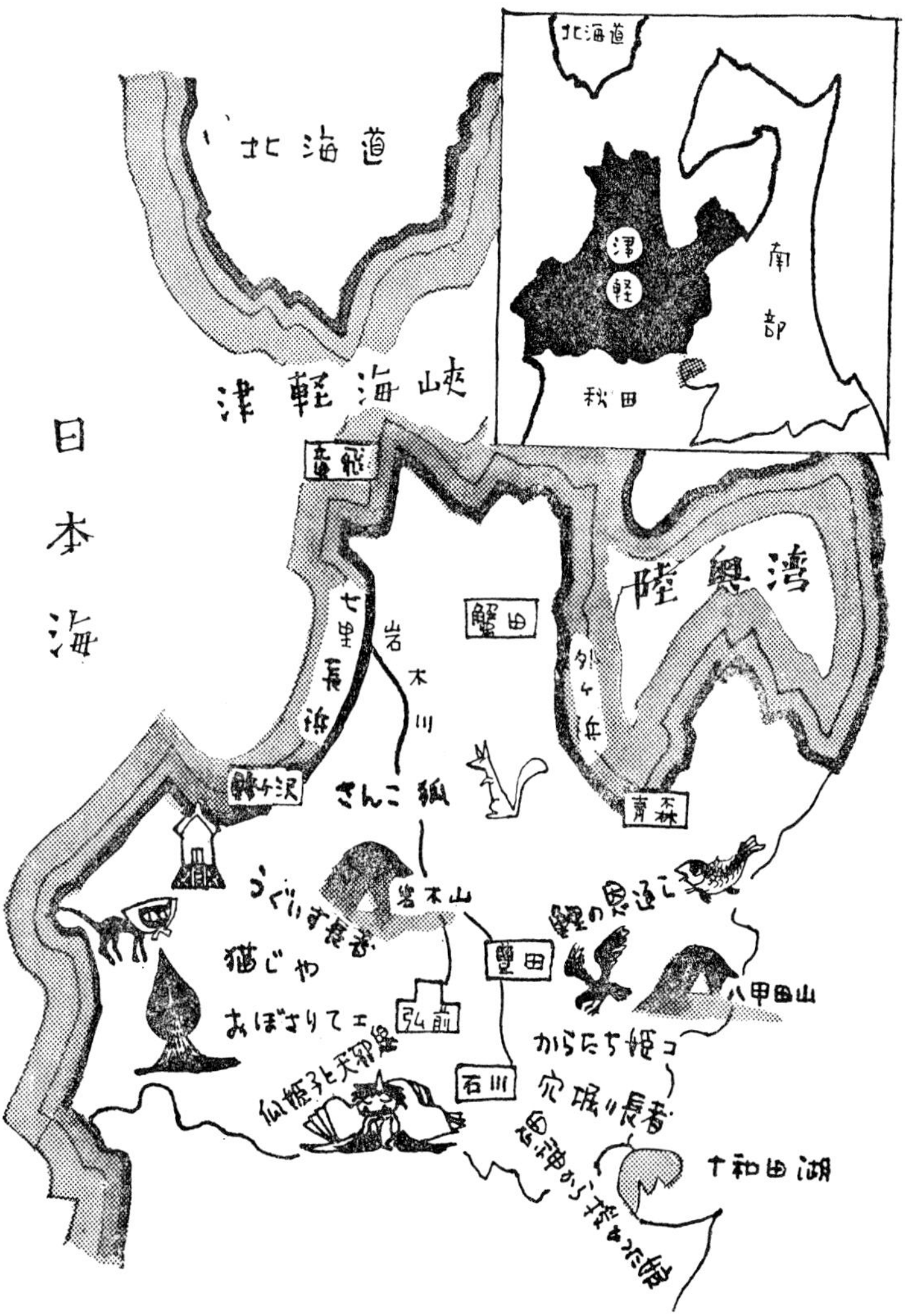

北海道
南部
津軽
秋田
北海道
津軽海峡
日本海
龍飛
七里長浜
岩木川
蟹田
陸奥湾
外ヶ浜
鰺ヶ沢
さんこ狐
青森
うぐいす長者
岩木山
鯉の恩返し
猫じゃ
豊田
八甲田山
弘前
おぼさりてェ
からたち姫コ
仏姫子と天邪鬼
石川
穴堀り長者
十和田湖

弘前地方

うぐいす長者

うららかな秋の日です。秋の山は黄に紅にきれいに染《そ》まっていました。

「茶エー、茶エー、より、油《あぶら》、針、よごすか《（ようございますか）》。櫛《くし》、かんざし、おしろい、紅《べに》、よごすか」

と茶売の咲平《さくへい》はふれて歩いていました。しかしこの日にかぎって一品《ひとしな》も売れません。町中をふれてまわっても売れませんので、こんどは村の方に売りに出かけて行きました。広い野原を通りましたら、秋の日は暮れやすく、次第に暗くなっていきました。咲平は疲れてきましたので、木の切り株に腰をかけて休んでいました。その時ふと向うに火がともって黒い門の建った一軒の家が見えました。

咲平はひとりで歩いて行きました。門をどんどんたたくと、中からこの辺では見たこともないような女の人が出て来ました。そこで咲平は、

「道に迷《まよ》った茶売りです。今夜、一晩宿かしてけへ《（ください）》」

と頼《たの》みました。するとその女が、

「奥さ《（奥に）》行って、聞で見んで《（きいてまいります）》」

と言って、やがて出て来ました。そして、

「中さ入ってけ」

と言って、それから足を洗ってくれたり、ふいてくれたりして、家の中へ入れました。咲平は、不思議な家がこんな野原にあるものだなあと思って、女について座敷にとおりました。その家は大へん広い家でした。どやどやと十五人もの振袖姿《ふりそですがた》の女が出てきて、あん様、あん様とはやしたてて、持ってきた品物を、全部買ってくれました。晩には生れてはじめての珍らしいごちそうが、高膳《たかぜん》で次から次と出されました。

翌日、そこの家の母親らしい人が出て来ました。そして、

「あんさま、よく来てけした《（くれました）》。今日も明日もゆったど《（ゆっくり）》泊っていってけ。おめェ様、ここは女だけの家だはで《（だから）》、家の娘のむご様ネなってけ」

などといったりしました。咲平は一人者の貧乏《びんぼう》者でしたので、この話をきいて大へん喜び、とうとうそこの家のむこ様になってしまいました。それから毎日毎日、しあわせな生活が続きました。いつか春夏秋冬がすぎて、再びうららかな春がめぐって来ました。

花が咲いてお天気のよい或る日のことです。母親が咲平を呼んで、

「あん様、あん様、今日、お天気もえエし、家の娘みんな連れで、花見に出がけるはで《（でかけるから）》、留守《るす》してけ」

と頼みました。咲平は留守をひきうけて、一人で残ることになりました。娘だちは、いそがしげにお重《じゅう》作りをはじめました。それからみんな揃《そろ》いの高島田にゆって大振袖《おおふりそで》を着て、カランコロン、カランコロンと高下駄《たかげた》をはいて、出かけて行きました。出がけに母親が、ちょっと、咲平の方をふり返り、

「あん様、あん様、一人で留守番は淋しがべはで《（さびしいでしょうから）》、私の家の蔵コ見でいでけへ《（みていてください）》」

と言ってから、ふと思いついたように、

「蔵は十二、あるけんども、十一番まで見だら、あど見すな。十二番目の蔵は、あげて見れば、だめだはで《（だめですから）》」

と言い切って、奴《やっこ》をお供《とも》に、にぎやかに出かけていきました。

咲平は一人残されて、淋しくなってきましたので、母親の置いていった鍵《かぎ》を拾って、蔵の見物にかかりました。

一つ一つと見てまわりました。一番目の蔵には米が一ぱい、二番目の蔵にはみそが一ぱい、三番目の蔵には砂糖《さとう》が一ぱい、四つめの蔵には木綿《もめん》、五つめは塩、五つめと六つめの蔵の境《さかい》に川があって、海にいるお魚がたくさん泳いでいるのが見えました。ああ、こんな野原にも海のお魚がいるのかなあと思って進みました。そうして十一番目まで見てしまい、十二番目の蔵

の前に立ちました。そこで母親に言われた言葉を思い出しました。

「あけるか、あけないか。」

咲平は迷《まよ》いました。しかし、どうしてもあけて見たくなって、

「誰もいないからあけて見るじゃ」

と思って、鍵を穴に入れてあけにかかりましたが、なかなかあきません。全部の鍵を合わせているうちに、その一つが合って、チョピンと音をたて、蔵の戸があけはなれました。咲平はおそるおそる蔵の戸を両手であけて見ました。見ると中はからっぽでした。

「はてな、どうしたんだベナ」

と思って、向うを見ると、奥の方に窓がついていました。窓をそっとあけて見ると、向うは一面の梅の林で、今ちょうど花ざかりでした。うぐいすが何十羽も枝に止って、ホーホケキョといいながら、こちらの枝から、あちらの枝に飛びうつりながら、楽しそうにさえずっていました。咲平は、ぼんやりこの光景を眺めていましたが、その時、突然《とつぜん》、うぐいすが、ぴたりと飛び方をやめて、その後、ゴウッと一羽残らず飛び去ってしまいました。咲平はあっけにとられて、

「これは、困ったことになってしまった」

と思って見ていましたが、そのままひきかえして十二番目の蔵に鍵をおろし、知らん顔で、部屋へ帰って休んでいました。

日暮れになって、みんながお花見を終って帰って来ましたが、その晩は何事もありませんで

した。翌朝早く母親は、自分の部屋に咲平を呼び、

「おめェ様に話コあれし《(ありまず)》。おめェ様、昨日、見ないテ約束した十二番目の蔵見したべ《(見たでしょう)》」

と聞きました。咲平は、

「いいえ、見ませんです」

と答えましたが、母親は、

「いいえ、おめェ様は、約束ごと《(を)》破って、たしかネ見した。今日かぎり、この家《え》から出ていってけ」

と言って、咲平がしょって来た空《から》の茶売り道具を、おしかえしてよこしました。

咲平はいまは仕方なく、しぶしぶと商売道具をせおって帰ることになりました。帰りがけに、ちょっと、うしろをふり返って見ましたら、今までくらしていた家も門もみんな消え失《う》せて、広い野原にただ一人立っていました。

はなし　弘前市田茂木町　斎藤タカ（七六）

㋳

猫じゃ

昔、津軽藩に一人の侍《さむらい》がありました。奥方と年頃の娘と三人でたのしく暮していました。或る日の事、主人はお城勤めで、登城《とじょう》の日にあたり、奥方と娘を残して出ていくことになりました。この家では年を経《へ》たふじ猫をかわいがって育てていました。主人は、

「では、行ってくるよ」

と妻にいい、娘にも、

「おどなしく、留守してけへや《（ください）》」

と言って、奴《やっこ》をお供に、出かけて行きました。娘は奥方と留守をまもっていました。その日はうっとりとする程のあたたかな春の日でした。桃や桜も一度に咲き揃って、花ぐもりの日です。奥方は、そのうちに、

急に用事ができて、外へ出かけました。

　娘がたった一人、お台所の炉端《ろばた》に坐って、縫物をしていました。側には猫が一匹、さも気持よさそうに、うずくまって、いねむりをしていました、家中はしいんと静まり返って何の音もきこえません。その時、猫が急に何か思いついたように、目を覚し、大きな二つの目で、まわりを一度見渡し、娘のそばにズカズカと歩いてきて、一声、

「あねさー」

と話しかけました。娘はびっくりして顔色をかえました。それで猫に、

「なによー」

とき返しました。すると猫は、

「あねさー、今日は、おどさも《(おとうさん)》、おがさも《(おかあさん)》、いなくて、さびしごそー《(さびしいでしょう)》。われ《(わたし)》、これがらおどりコおどって見せるはで《(みせますから)》」

と言いました。そして馳《は》せていって、箪笥《たんす》の上にとび上り、そこにあった豆しぼりの手拭《てぬぐい》を一本持ってきて、ほおかむりにし、さて後脚で立って、おどりのかっこうよろしく、

「猫じゃ猫じゃとおっしゃいますなア、猫は、下駄コはいで、杖《つえ》コついで、しぼり浴衣《ゆかた》コで来るものが。はア、おんにゃがにゃのにゃー」

と、うたっておどって見せました。そして、

「おもしろくてあたべサー《(あったでしょう)》。もう一度おどて見せしがー《(みせましょうか)》」

と、又おどって見せました。おどりおわってから豆しぼりの手拭をとって、たたんで再び箪笥《たんす》

の上にあげておきました。

「あねさー。われ《（わたし）》、おどりコおどたて《（おどったということを）》、必ずおどささも、おがささも、知らせれば、まえへんネ《（いけませんよ）》。知らせれば、おめの命コとれせ《（うばいますよ）》」

と、こわいことをいいました。そして又、炉端《ろばた》へきて、うずくまって、いねむりをはじめました。やがて晩になりました。おどさも、おがさも、家に戻《もど》って来ました。見るといつも元気で迎えてくれる娘の顔が、今日は真青でした。それで両親は、

「どうして、おめェの顔、そんなに青いのですば、どごが身体悪いのでへんな《（ないか）》」

とききただしましたが、なかなか娘はそのわけを話しません。

その晩は、早く床《とこ》につきました。母親は寝てからも何度も娘にききましたが、なんにも答えません。そのうちにだんだん夜が更《ふ》けていきました。娘は目がさえて眠れません。母親が最後にきいた時、やっとそのわけをはなしました。すると、母親は、大へん怒って、

「そんなわけだば、朝まになったら、すぐ、猫ごと《（ねこを）》山さ捨てでくるはで」

と言いました。

次の日、母親は早起きして、猫を捨ててこようと娘の部屋へ入っていきました。すると、猫の姿が見えません。枕《まくら》がけとばされて、娘の首が猫にかじられ、胴《どう》からはなれて、ゴロンところんで落ちていました。

娘は猫にかみ殺されて死んでいたのでした。それから猫をさがしましたが、それっきり姿を見せませんでした。

はなし　弘前市田茂木町　斎藤タカ（七六）

おぼさりテェー

昔、津軽の国におぼさりテェー《（おんぶされたいよー）》、おぼさりテェーと叫ぶこわい化け物がいました。八幡様の奥の院のうしろの高い杉のてっぺんに住んでいました。毎日、日暮れ方から叫ぶので、誰一人外へ出る者もなく、町はひっそりとしていました。

ここにたくさんの侍《さむらい》だちが住んでいる御家中《ごかちゅう》屋敷がありました。或る晩、おど様だち《（おとうさんたち）》が三人集まって、お茶を飲みながら世間話をしたり、おぼさりテェーの話をしながら、かけごとをはじめました。これからごをやるから負けた者は化け物をおぶってくるんだよと約束をしました。他の二人もこれに賛成しました。そのうちの一番弱虫のおど様が負けてしまいました。

弱虫のおど様は仕方なく、二人に別れを告げて、自分の家に帰りました。そして夜の丑《うし》の刻《こく》、おが様《（おくさん）》からたなを一本もらって、

「これで、かがあの顔の見おさめか、化け物にかれて《（たべられて）》、生ぎて帰れねがも知らね」

と言って出かけました。

八幡様の参道を夢中で歩いていきました。一の鳥居、二の鳥居を通り抜けました。向うの暗がりからかすかにおぼさりテェーのうなり声がきこえてきます。ぶるぶる身体がふるえるような気がしますが、こらえていきました。八幡様の拝殿について、やっと拝んで、奥の院に駈けつけました。

高い杉のてっぺんを見上げながら、その木の下に立ちました。そして持ってきたたなを地べたにおろして背中をむけました。

「それ程、おぼさりテェんだら、おぼさらなが」

と叫びました。その時、うなり声がぴたりとやんで、木の上からガサガサと爪をひっかけて降りて来ました。そしておど様の背中にもっそりおぶさりました。おど様はやっとその化け物をおぶって、家へ帰りました。

家に着いて、おろす場所を探《さが》しました。先ず玄関《げんかん》の土間におろそうと思って、

「こごさ、おりろー」

と言いましたが、背中にしがみついておりません。こんどは茶の間に入りました。畳《たたみ》の上ならおりるかと思って、

「ここさ、おりろー」

と言いましたが、ここにもおりるけはいがありません。次にお座敷におろしにかかりましたが、ここにもおりません。おしまいに、床前《とこまえ》にいって背中をむけて、

「それでは、ここさおりろー」

と言いましたら、やっと肩からすべりおちるようにおりました。おど様はおろすと急にこわくなって、すぐ、隣座敷にいって、敷いてあるふとんにもぐりました。

翌日、おが様が早く起きて、部屋の中の掃除《そうじ》にとりかかりました。すると床の間の隅《すみ》にピカッピカッと光を出している黒いかたまりが目に入りました。おが様は驚いて、

「おど様、おど様、床前ネなんだがしらネけんども光者えしたネ《（いましたよ）》」

と知らせました。おど様は刀を取りよせて、行って見ると驚きました。その黒いかたまりは全部黄金《こがね》の大判《おおばん》小判《こばん》でした。

うなりもの、きつい人サ《（つよいひとに）》、かね、さんずけだんだド《（おかねをさずけたのですよ）》。

とっちばれ《（これでおしまい）》。

はなし　弘前市田茂木町　斎藤タカ（七六）

古箕《ふるみ》、ふるしき、古太鼓《ふるだいこ》

寒い寒いこがらしが吹いています。村ではやがてくる冬にそなえて雪がこいを急いでいました。この村に一軒の古寺がありました。誰も住《す》みつく人もなく、荒れるにまかせて、たずねる人もありません。

或る日、見なれない一人の武士が門の前に佇《たた》ずんで高札を読んでいました。その高札には、

「この寺の化け者を退治した人は、永久《えいきゅう》にこの寺において和尚にしてつかわす」

と書いてありました。武士は貧乏していて、今朝《けさ》から食事もとっていません。早速むかいの茶店に行って、おばあさんに古寺のうわさを聞いて見ました。おばあさんはびっくりして、

「お武家様、それァやめた方がよごすョ《いいですよ》。この寺ネは、化け者がいで、今まで何人も退治に来たけんども、だれも生ぎで帰った者はないのですョ、やめだほうよごすジャ《やめたほうがよいですよ》」

と言ってくれました。けれども武士は、なにくそと思って、古寺に行って見る気になりました。

　お寺の庫裏《くり》で休んでいるうちに、あたりは、だんだん暗くなり、やがて夜の丑《うし》の刻《こく》（いまの一時頃）になりました。急にねむけがさして来ました。すると本堂が急にさわがしくなり、くら闇から、

「行ぐべし《いこう》、行ぐべし」

という声がきこえてきました。

「誰、先に。」

「おれが、先だ」

などという声もします。そしてまっ暗やみを何人かそろってこっちの方へ歩いて来ました。

「古箕、ふるしき、古太鼓、茶がま、茶がま、茶がまョ」

と歌もうたっています。

　武士はハッと目を覚して、身構《みがま》えました。とっさに、流し場の下に入って、ふせてあったすりばちを頭にかぶって、出ていきました。そして四人の化け者の行列の中にくるりと入って、とんきょうな声を出しながら、

「すりばち、すりばち、すりばちョ」

と言いながら、仲間入りをしてしまいました。この時、他の四人の化け者はびっくりしました。

うたとおどりをぴたりと止めて、

「あら、今晩《こんばん》から、すりばちも仲間に入って来たじゃ」

と一人の化け者が、他の三人に呼びかけました。そしてすりばちの化け者も仲間に入れてくれました。そして夜があけるまで、

「古箕、ふるしき、古太鼓、茶がま、茶がま、茶がまョ。」

「すりばち、すりばち、すりばちョ」

とうたったり、おどったりしました。

そのうちに空が白みかけると、化け者の一人が、

「今日は、このぐらえでやめるべし、明日、まだ、出ておどるべしョ。明日も、すりばち来いョ」

と言いました。そして、ばらばらに別れました。一番鶏《どり》が、

「コケコッコー」

と鳴いて、夜が明けました。武士は早速《さっそく》、お寺の鐘つき堂の鐘を打ちならしました。それをきつけた村人たちは、

「そうら、古寺の化け者を退治した人がいる」

とみんなお寺をさして登って来ました。村人は手に手に、すきやくわをたずさえていました。

「吾《われ》のとおり、ついて来い。」

武士は先頭に立って案内しました。庫裏《くり》や台所、物置小屋、本堂が探《さが》し出されました。そし

て何百年も年を経《へ》た、すすけた箕《み》や、かけざおにかかっていた古いふるしき、本堂の古太鼓、台所の炉《ろ》の中にある古茶がまがそれぞれ見つけられました。

「化け者はこれだ」

と言って、庭で火をおこして、もやしてしまいました。化け者は、

「ギャッ」

と叫んで、焼けて死にました。

それから、みんなでお寺の本堂の板じきの下を見ると、人の骨がたくさん出て来ました。武士は約束のとおり、この寺の住持《じゅうじ》におさまり、一生安楽《あんらく》に世を送りました。

はなし　弘前市田茂木町　斎藤タカ（七六）

白がぶヶ子

昔、甚吉《じんきち》という夫婦《ふうふ》がありました。働いても、働いても貧乏で、年も七十の坂をこしました。この老夫婦には子供が一人もなく、毎日さびしく暮していました。今年も年の瀬《せ》をむかえましたが、お金がないので、楽しい年越しをすることが出来ません。甚吉は山へ松竹を伐《き》りに行くことにしました。

「松竹、買えへんな、松竹、よごしな《(いりませんか)》」

と村や町をふれて歩きましたが、その日に限って、一本の松竹も買ってくれる家がありません。困り果《は》てて松竹を橇《そり》につけたまま、とぼとぼと帰って来ました。途中に海に流れる川があって、橋がかかっていました。

甚吉は、橋の上から松一本、竹一本と流していましたが、おしまいに橇《そり》につけたまんま、

「竜宮様、これ、おつかいなすって下さいへ」

と言って、水に投げ落して家へ帰りました。

甚吉はうす暗くなった道を、うしろも見ずに帰って来ました。

途中町の角《かど》までくると、うしろをぱたぱた、ぞうりの音をさせながら、ついてくる者があります。やっと甚吉に追いついて、

「もしもし」

と声をかけました。見ると小さい子供が一人立っていて、

「私は竜宮から来た者です。おめェ様でごすか(ございますか)、門松《かどまつ》を奉《たてまつ》ったのは。お蔭で、竜宮ではお正月を迎えることが出来ますじゃ。何かお礼をしたいんですが、家に帰ったら、よく家の中を探《さが》してみせや(ごらん)」

と言ったかと思うと、そのまま、すたこら、すたこらと、うしろも見ずに姿を消してしまいました。

甚吉は不思議に思って、だまってそのまま、家へ戻《もど》ってきました。家には婆様が帰りをまっていました。甚吉は今日のことを一部始終《いちぶしじゅう》話し、二人で家中を、くまなく探して見ましたが、何も見あたりません。おしまいに天井《てんじょう》からさがっている火棚《ひだな》の上を見ますと、全身まっ白な子供が、ほしてある薪の上にのっかっていました。その子供は、

「私は、竜宮からお礼にあがった白《しら》がぶヶ子です」

とかわいい声で申しました。白がぶヶ子は、この家の子供になり、老夫婦の家は急ににぎやかになりました。今日も海からとれたお魚を、どこからか出しては年越しの食膳《しょくぜん》をにぎやかにし、お米をどっさり米びつにうんでは、二人をびっくりさせました。こうしてそれからというものは、この老夫婦に幸福が長く続きました。

はなし　弘前市田茂木町　斎藤タカ（七六）

だまされた狐

昔、津軽の稲荷《いなり》たんぼにとっても人をだます狐が一匹住んでいました。

或る時、何人も奴《やっこ》が集まって、

「稲荷たんぼにいる狐に、人がだまされるということがあるものか」

ということになり、

「人が反対に狐をばかせばいいではないか」

と友だちの奴にいばりちらしました。

二人の奴はあらそいました。

「そんなら、お前が狐をだますにえェが」

ときいたら、もう一人の奴が、

「おらァ、見事ねその狐ごと《(を)》、だまして見へる」

と言い切って出かけて行きました。

夕方、そのうわさの稲荷たんぼを一人の奴が通りました。ここは広いたんぼで、一本道が和《わっ》徳《とく》から野田に通じていました。さやさやとすすきが一面になびいています。一匹の狐が道のわきの石をまくらに、心地よさそうにねぶりかけの最中でした。奴はここぞと、コソコソ、そばへいって、その狐の耳許《もと》に口をよせて高い声で、

「だんな様、だんな様、さあこれから町サ、餅《もち》コくね行げへんな《（いきませんか）》」

と言いました。狐はたちまち、だんな様に化《ば》けて立ちあがりました。奴はおかしいが、狐のだんな様のうしろについて餅屋へ入っていきました。餅屋ではこのお客様を大へん喜びました。奴はさっそく、餅を二人前《ふたりまえ》注文して、その場でたべました。それから五人前をおみやに作らせ、それをこっそりふところに入れ、更《さら》に一皿注文して、これはだんな様の狐にたべさせ、小便《しょうべん》にいってくるとうそをついて、外へ出ました。そして他の奴が待っている所へ一目《いちもく》さんに帰って来ました。仲間はみんなで奴の餅をごちそうになりました。

一方餅屋に残された狐のだんな様は、待てどくらせど、奴が帰って来ませんので、どうなることかと心配していました。そのうちに主人から勘定《かんじょう》をせがまれました。全部で八人前のさいそくです。だんな様は困りました。

「今、奴が帰ってくれば、勘定《かんじょう》します」

と、いいわけしていたが、何度も何度もさいそくされて困ってしまい、とうとう正体《しょうたい》をあらわし、

「グヮギャエー」

と、一声叫ぶと、狐の姿になって稲荷たんぼに逃げていきました。

はなし　弘前市田茂木町　斎藤タカ（七六）

ばくち打ち

昔々、打っては負け、打っては負け、まるはだかにされた一人のばくち打ちがありました。ふんどしひとつになってお宮の前まで歩いてきました。ばくち打ちはこまり果《は》てて、八幡さまに手を合わせました。

「八幡さま、八幡さま、お金をさずけてけ《（さずけてください）》」

とおがみました。そして三、七、二十一日の間おがみました。ちょうど二十一日の満願の日に白いひたたれを着た神様が一人あらわれて、

「お前の信心をかなえてやる。私の教えのとおり、このお宮の裏の細道ゆげー」

とお告《つ》げがありました。ばくち打ちは「ははァ」と、かしこまって、教えのとおりお宮の裏の細道を歩いて

行きますと、道の両側に高い山が二つ出来ていました。

見上げるとその山は米山で、米がちょろちょろと崩《くず》れていました。これが自分のものならば大したもんだと又進んで行きました。今度は片一方《かたいっぽう》が白山で片一方が黒山の所に出ました。これは何だろうと見ますと、左の山は白砂糖《しろざとう》、右の山は黒砂糖でしたのでびっくりしました。又奥へと進んで行きますと風が吹いて、よい音が耳を打ちました。

キンキン、キンキン

コンコン、コンコン

クヮンクヮン、クヮンクヮン

という音でした。ばくち打ちは何の音だろうと耳をすましました。そこには木が一本立って、大判《おおばん》小判《こばん》がぶらんぶらんとなって、風に吹かれていました。

「金のなる木」というのは、これだなと思い、驚いて通りました。又進んでいくと、広々とした野原に出ました。川が流れていて、海の水が流れているのか、たい、しびなどの海の魚がたくさん泳いでいました。橋を渡って行くと、向うに黒門の家がありました。ドンドンと門をたたくと、中から一人の女が出て中へ入れてくれました。その女がばくち打ちを座敷へ通して、お茶とお菓子を出してくれました。

しばらくすると、なまぐさい風が吹いて、バオバオと、大きな音をさせて、鶴が一羽飛んできて、座敷一ぱいにひろがりました。ばくち打ちはたまげて見ていると、鶴がトントン手をたたいて誰かを呼んでいます。鶴は出てきたさっきの女に、

「私は、さっきから胸《むな》さわぎして困るんだが、お前はけもぐさいもんを呼んでこい」

と言いました。

「はい」

と言って女が出ていったあと、入ってきたのを見ると、それはびっこのむじなでした。鶴はむじなにむかって、

「おれの身の上について、はっけいをおいてくれ」

と言いました。むじなは、

「はい」

と言って、

「こうしてはいられません。すぐ逃げなければ、私の命までが、危険《きけん》です」

と言って帰ってしまいました。鶴はぷんぷん怒って、又トントンと手をたたきました。そして、

「今度は、びたびたを呼んでこい」

と女に言いつけました。何がくるだろうと待っていると、蛙《かえる》がもくもく入って来ました。

「おれの身の上について、はっけいをおいてくれ」

と言いましたが、蛙もむじなと同じようなことをいって帰っていきました。鶴は、日頃むじなや蛙を養っているのに役《やく》に立たないやつだと怒って、どなりました。それで蛙は仕方なくはっけいをおきました。そうして、

「こうしてはいられません。二時間後には、あなたの命はどうなるか分りませんよ」

くち打ちに、

と言って、ぶつぶついいながら出ていってしまいました。それから又さっきの女が出てきてば

「あなたの命が危険ですから、私と一しょに、ここから出て行きましょう」

とうながして、かくれ道から二人は外へ出ました。パッと明るくなりました。

ばくち打ちは八幡さまの拝殿で長くねそべり、いい気持になって、夢を見ていたのでした。

はなし　弘前市田茂木町　斎藤タカ（七六）

長い長い名前のむかしコ

昔、津軽の国に何年ぶりかで子供の生まれた夫婦《ふうふ》がありました。夫婦の喜びは大したものでした。男の子で名前を「鶴亀、松竹、椿《つばき》のむすこのつぎょうツポンコ」とつけました。

その子供は、なかなかきかない子供で、毎日近所の子供と勇ましく遊んでいました。

ある時、遊んでいるうちに、あやまって、井戸の中に落ちました。友だちは、あわてて、あっちへいったり、こっちへいったり、近所へ梯子《はしご》をかりに歩きました。

「鶴亀、松竹、椿のむすこのつぎょうツポンコ、井戸ｻ落ぢだﾊデ、梯子ｺかしてけ。」

するとその家では、

「わいわいわい。おめェだちの梯子ｺ、かれできてらけんども、隣りで要《い》るﾃ、かれでいてしたじゃ」

と答えましたので、又急いで隣りへかりにいきました。

「鶴亀、松竹、椿のむすこのつぎょうツポンコ、井戸ｻ落ぢだﾊデ、梯子ｺかしてけ。早ぐ早ぐ。」

すると、その家では、

「あれあれあれ。その梯子コだら、かれできてらけんども、むかえで又かれでいげしたじゃ」

と言いますので、又々むかえにかりにいきました。

「早ぐ早ぐ」

とやっとのことで、むかえで梯子を見つけて、やっさやっさとかついで、井戸へやって来ました。そしてつぎょうツポンコを井戸からあげて見ましたら、かわいそうに、ツポンコは死んでいました。

はなし　弘前市田茂木町　斎藤タカ（七六）

ねずみ穴に入った豆コ

　昔、ある所におじいさんとおばあさんがむつまじく暮らしていました。

　ある朝、二人は早起きして、おばあさんはお座敷、おじいさんは庭をはきにかかりました。おじいさんが庭をはいていると、一つぶの豆が落ちていました。おじいさんが拾おうとすると、コロコロころがって庭のすみのねずみ穴にころがっていきました。おじいさんは、

「ひとつぶでも、これァもったいないぞ」

と、ねずみ穴を鍬でほって追っかけました。豆はおじいさんの先方《せんぽう》をコロコロころがっていきます。ずっといくと、左の方に広々とした海岸がありました。大黒

様とえびす様が、はだかになって角力《すもう》をとっていました。おじいさんは二人に、

「こごサ豆コ一粒《つぶ》、ころがて《（ころがって）》来ませんが」

とききましたら、

「その豆コだば《（なら）》、おらのわぎ、ころがって、行げしたネ《（いきましたよ）》」

と言いましたので、又進んで行きました。するとそこはねずみの家で、たくさんのねずみが、お正月のお餅をついていました。おじいさんは、物かげにかくれて、その様子を見ていますと、たくさんのねずみたちが出てきて、

　百になっても、二百になっても
　にゃごの声、聞きたぐね
　にゃごたら、どうすべな《（どうしましょう）》
　シチョ、ハチョ、シチョ、ハチョ

とうたって、餅つきをはじめました。おじいさんは、物かげから鶏《にわとり》のまねをして、

「コケコッコー」

と叫んでみました。その声をねずみがききつけて、ぴたりと餅つきをやめ、

「一番鶏《どり》、うだた。二番鶏《どり》、うだえば、さあ行ご、さ行ご」

と申しました。そこでおじいさんは、又、

「コケコッコー」

と叫んで見ました。すると今度は、

「二番鶏《どり》、うだた。三番鶏、うだえば、さあ行ご、さ行ご」

と申しました。しばらくしてから、おじいさんは又、

「コケコッコー」

と叫びました。ねずみは、

「三番鶏《どり》、うだた。そら、夜《よ》明けだ。急げや急げ」

と言ってみんな餅をそのままにして、いなくなってしまいました。おじいさんは、ねずみのいなくなったあとへ行って見ますと、驚きました。お餅と思っていたのは、大判小判をついていたのでした。おじいさんは大喜びで、その黄金《こがね》全部を持って、もと来た道を通って家に帰り、大変お金持になりました。

　翌朝、二人で朝御飯《ごはん》をたべていると、隣りのおじいさんが、

「火だねコ一つけでけへ《(ください)》」

と言って入って来ました。そして昨日と違うおじいさんの暮しにびっくりしました。

「どして、おめェだぢで《(あなたのうちで)》、これ程、金持ネなれしたバ《(なったのですか)》」

と声をかけて、二人の御飯を見ると、白い御飯に赤い魚《さかな》をそえて食べているのでした。おじいさんは、そこで一部始終《いちぶしじゅう》を話しました。すると隣りのおじいさんは、ろくに挨拶《あいさつ》もしないで、

「わも《(わたしも)》、行ぐじゃ」

と言って帰っていきました。

次の日、隣りのおじいさんは、おばあさんを早く起して庭に出ました。そしてわざと、自分の庭に豆を一粒落し、むりにねずみ穴にころがしてやりました。そして鍬で穴をほって豆のとおり奥へ進んでいきました。するとやっぱり大黒様とえびす様が、海岸で角力《すもう》をとっていました。豆の行方《ゆくえ》を尋ねると、

「ころんで来たけんども、わぎまって《(とおって)》、行げした」

という返事なので、又奥の方へ進んでいくと、聞いたとおり、ねずみが歌をうたいながら、お金をついていました。おじいさんは、物かげにかくれていましたが、早く、その大判小判がほしくてたまらず、すぐに、

「にゃごー」

と叫んでしまいました。ねずみたちは、その時、

「どこだどこだ。」

「おかしい猫の声だナ。」

「あれは、おかしい声だから、みんなで声のする方へ行って探《さが》せ。」

「ア、人くせェ」

などと言って、ぞろぞろ探しまわりました。そして物かげにかくれて小さくなっていたおじいさんは、とうとう見つけられてしまいました。そうしてひっかかれるやら、かじられるやら、からだ一面、血だらけにされてしまいました。

おばあさんは、家でおじいさんの帰りがおそいので心配して待っていました。おじいさんが

くればお金持になれると思って自分の古い着物を焼きすてて、下着一枚で炉《ろ》ばたに坐っていました。すると炉のすみのねずみ穴の向うから、おじいさんがうんうんとうなりながら、こちらに近づいて来ました。おばあさんが、こごんで穴に眼《め》をつけて見ますと、灰《あく》から首をだして血だらけのおじいさんが出てきましたので、腰をぬかしてしまいました。それからは二人で正直に働くようになりました。

はなし　弘前市田茂木町　斎藤タカ（七六）

大小もはかまコもほしぐねャ

昔、おどさまとおがさまがあって、ここにあねこ《（女のこ）》とあんこ《（男のこ）》がありました。おがさま《（おかあさん）》は、ふとした病気がもとで早く死んでしまいました。そこでままおがさま《（ままはは）》が来ました。やがておどさまは殿様から江戸上りを命ぜられました。出立の日に二人の子どもを呼んで、

「何か江戸から買ってくるおみやげで、ほしいものがないか」

と聞くと、あねこは、

「私には帯、弟には袴《はかま》、買って来てければえナ《（きてくれればよい）》」

と答えました。そして出かけていきました。

おどさまが留守《るす》になったある日、まま母は、あねことあんこを呼んで、

「このザルで、釜に水を汲んで、すぐ湯をわかせ」

とむりなことを言いつけました。二人は、仕方なく水のこぼれるザルで何度も水を汲んで釜にため、お湯をわかしました。

「お湯、わげした」

と知らせると、まま母は今度は、よしを一本持って来て釜にわたし、

「この橋をわたれ」

と言いつけました。二人は、

「この橋渡れば、湯の中サ落ぢで、煮《に》えでしまうハデ、渡られへん」

と答えましたが、許してくれません。むりに二人を渡らせたので、よしは真中から折れて、湯の中に落ち赤く煮えて死んでしまいました。まま母は、二人のなきがらを奴《やっこ》に言いつけて、庭の松の根の下と、ながしの下に埋《うず》めて、知らんふりをしていました。やがて江戸から、おどさまが帰ってきました。まま母がきれいに化粧《けしょう》して迎えに出ました。おどさまは、まっさきに、

「あねこど、あんこはどごサ行った」

とたずねました。まま母は、

「今日は、おどさま、江戸がらお帰りだハデ、どごサモ行げしな《（いくな）》、と言いきかせましたが、きかないで、親類サ遊びに行ってくる、と言って出かけました」

と言いました。おどさまは、

「そうが」

と言って、それ以上ききたださず、その日はそのまま寝てしまいました。

　翌朝、おどさまは早起きして、ながしに口をゆすぎにいきました。するとながしの下から一羽のきれいな小鳥が飛んで出て、おどさまの肩の上に止まりました。そして、

「帯《おび》コも、たすぎコも、ほしぐねャ《(ほしくない)》、江戸サ上ったおどさまこえしじ《(こいしい)》ゃ、ホーキチョ」

と鳴いて、左の肩から右の肩に移りました。おどさまは、これは不思議だと思いました。こんどは、庭下駄をはいて、お庭に出て見ました。すると松の根の下から又美しい一羽の小鳥が出てきて、おどさまの肩に止って、

「大小《だいしょう》も、袴《はかま》コもほしぐねャ、江戸サ上った、おどさまこえしじゃ、ホーキチョ」

と鳴いて、左肩から右の肩に飛び移りました。おどさまは、いよいよあやしいので、奴《やっこ》を呼んで、

「ここ掘って見ろ」

と言いつけて掘らせてみたら、ながしの下と松の根の下から、あわれにも真赤に煮えて死んだ、あねことあんこが出てきました。そこで、おどさまは、大へん怒って、すぐまま母を呼び、大きなまな板を持ってこさせ、その上にまま母をはだかにしてのせ、刀でその身体をぶつぶつと切ってしまいました。

はなし　弘前市田茂木町　斎藤タカ（七六）

や

糸三把《さんぱ》、はた三反、粟《あわ》三升

　昔、あるところに、おど様とおが様とあねこが三人で住んでいました。ある年、おが様はふとした風邪《かぜ》がもとで早く死んでしまいました。そのあとに、まま母がきてうばこ《(まま母のこ)》を産《う》みました。うばこがちょうど十七、八になって、おど様が家を留守《るす》にしたある日、まま母があねこを呼んで、

「今日、うばこゴトお祭サ連れで行ぐハデ、お前は留守していせ《(いなさい)》」

と言いました。うららかな春の日で、朝からお宮には、のぼりが立ち、太鼓がどんどこ、どんどこにぎやかでした。

　まま母がお祭にいく時、あねこに、

「お前は、るすの間ネ糸三把おんで《(織って)》、はだ三反おろして、粟《あわ》三升ついでいせ《(いなさい)》」

と難題《なんだい》を言いつけて、うばこには髪をゆわせ、きれいな着物をきせ、お化粧《けしょう》させて出かけていきました。たった一人残されたあねこは、どうしたら三つの仕事が今日一日でできるか、大へん困っていました。うばことまま母が、連れだって出て行く姿をあねこはひとりで眺めていました。さびしく留守をしていると、どこからか一羽の鳩《はと》が家に入ってきて、そこに置いてある粟をひとりで、ぼっきぼっきと搗《つ》きはじめました。鳩は、

「あねさ、あねさ、何も心配しなくてもよごセ、手伝いしてけらハデ《(あげるから)》」

と言って全部粟を搗いてくれました。次に蜘蛛《くも》が地面をはって入ってきました。そして三把の糸を何の苦もなく、おんで《(織って)》くれました。蜘蛛も、

「私も、手伝ってけらハデ《(あげるから)》」

と言ってくれました。その次に雀が何羽も家の中に入って来て、トンカラリ、トンカラリとにぎやかに、三反のはたを織ってくれました。雀も、

「あねさ、私も、手伝ってけらハデ」

とみんなで助けてくれました。こうして難題は、みごとにやり終ることができました。

夕方になって、二人は家に帰って来ました。まま母があねこを見ると、仕事がすっかり出来ているばかりか、晩御飯まで仕度されているので、腹が立ってたまりません。

あねこは働き者だ、感心な娘だと、村の人々から大へんほめられ、やがて年頃になると、近所からお嫁のもらいてがたくさん来ました。まま母はこれがにくらしく、自分の産《う》んだうばこ

がほめられないので、

「あねこは馬鹿もので、なんにも出来ねハデ、あの通り、手サしびきらし、からだサこびたがているんでサネ。うばこは、それにひきかえ、物もでぎるし、器量《きりょう》もえいし」

とみんなに言いふらしました。

村の庄屋《しょうや》さまからあねこをお嫁にほしいといわれ、そしてお嫁にきまりました。お嫁入りの当日、髪ゆいが来て、あねこの髪を結《ゆ》ってくれました。あねこの髪は見事に出来上りました。側にいて見ていたうばこが泣いて、

「われも、嫁コね、いきてじゃ（いきたい）」

とむりを言いました。それではと髪を結ってやると、ぴんぱらりん、ぴんぱらりんとなかなか髪が解けないばかりか、うまく結えません。

やがて迎えが来て、振袖姿の花嫁が駕籠《かご》にのって門から出て行きました。うばこは、

「われも、あねさのようネ、きれいな着物着て、嫁コに行きてじゃ（いきたい）」

とわいわい泣きましたので、まま母は、おこって、

「それほど、嫁コね、いきてんだら（いきたいのなら）、おめェもけでやら（くれてやる）」

と大声でどなって、側にあった鰯籠《いわしかご》にうばこを入れて、田んぼのたのくろをひきずり歩きました。その時二人はどぶんと泥田にころんで、とうとうまま母は田貝《たがい》、うばこは田つぶになってしまいました。

はなし　弘前市田茂木町　斎藤タカ（七六）

おにばばと小僧さん

昔々、隣り合わせになった二軒のお寺がありました。あたたかい春の日です。二人の小僧さんが山へ行く相談をしました。それで和尚《おしょう》さまに、

「今日はお天気もえいし、二人でわらびとりネ行ってもよごすか《(ようございますか)》」

とききました。すると、

「いやいや、今日はナ御先祖さまの御命日《めいにち》だハデ、気をつけて、留守をして、わらび取りネ行げしな《(いくな)》」

と止めましたが、二人はどうしても行きたいと、せがむので、和尚さまは仕方なく、二人を山へ行かせることにしました。

和尚さまは、

「道に迷うかも分らネシ、どんな災難《さいなん》にあうがわがらねハデ、有難いお札《ふだ》ごと、三枚持だせでやる」

と言いきかせてやりました。

二人は喜んで、おにぎりを持って、かこだら（わらであんだいれもの）をせおって、山へ歩いて行きました。せっせとわらびを取りました。一人の小僧さんは一ぱい取ってしまいましたが、もう一人の小僧さんはなかなか一ぱいになりません。それで二人は山の中で別れてしまいました。残された小僧さんは、又けんめいにわらびをかこだらにためましたが、一ぱいになる頃には暗くなり、奥山で迷ってるうち、もう日もとっぷり暮れてしまいました。小僧さんは、途方《とほう》にくれて、とぼとぼ歩いてきますと、向うにあかりが見えました。そこはそまつな家でした。

小僧さんは、

「道に迷って、家サ帰ることができなくなれした。どうが一晩、泊めでけ《（ください）》」

とたのみましたら、中から白髪《しらが》のおばあさんが出てきて、

「ああ、よぐ来たな、さあはいれ、はいれ」

とやさしく入れてくれました。そして、

「疲れてきたべハデ《（きたでしょうから）》、さあさあ、御飯《まま》くて、早ぐ寝ろ寝ろ」

と言って、たきたてのおかゆをたべさせて、寝かせてくれました。小僧さんは隣り部屋で眠っていました。

夜中頃、ふと目をさますと、何か言っているようなので、板戸《いたど》の間から覗《のぞ》いて見ると、

「小豆なべ煮《に》えろ、小僧煮でまぐらゥ《（たべてしまう）》」

とひとりごとを言って、大きな鍋を火にかけて、長いお箸《はし》でかましていました。おばあさんの姿を見ると、あのやさしいおばあさんではなく、口が耳まで裂《さ》けて、角《つの》が二本生えたおにばばでした。小僧さんは、おそろしくなってきました。板戸のすきまから声をかけて、

「われごと《（わたしを）》、はばかり《（べんじょ）》サやってけ《（やってください）》」

とたのみました。するとおにばばは、小僧さんの腰に縄《なわ》をぐるぐるまいて行かせました。小僧さんは、しばらく便所で考えていましたが、そのうちにおにばばは、

「小僧、ばば《（うんこ）》、えェが」

とききます。小僧さんは、

「まーだ」

と返事をしました。小僧さんは逃げるのは今だと思い、和尚さまからもらってきたお札を便所の前板にはって、縄をほどいて結びつけ、返事を頼んで、はだしのまま、山の中を逃げ出しました。おにばばは、あまりながいので、

「小僧、ばば、えェが」

と聞いたら、お札が、

「まーだ」

と答えてくれました。おにばばはあきれ果てて、持っていた縄をひっぱって、

「なんぼ、ながいやつだべ。さっさど出はれ」

とおこりだしたら、便所は、がらがらどしんとこわれて、中はからっぽでした。

「ようし、逃げだな。どごまでも、ぼっていって食ってしまヮ」

と言って、飛ぶように後を追っかけました。小僧さんは追いつかれそうになりました。その時、残った一枚のお札をうしろに投げて、

「こごサでった《（大きな）》だ砂山でぎろ」

と言いましたら、たちまち附近が、もりもりと盛り上って大きな砂山が出来上りました。おにばばはくやしがって、

「にぐい小僧だ」

と、きばを出して登ってきます。そのうちにどこかに登る道を見つけたのか、砂山にあがって、またしても小僧さんを追ってきました。今度も小僧さんは危くなりました。その時残ったもう一枚のお札をうしろに投げて、

「こごサ、でっただ、河《かわ》でぎろ」

と叫びました。すると小僧さんとおにばばの間にたちまち大河《おおかわ》が出来てしまいました。おにばばは、あっちへ行ったり、こっちへ来たり、うろうろしていましたが、とうとう浅瀬を見つけて、河を渡って小僧さんを追っかけて来ました。小僧さんは、やっと自分のお寺に逃げこみました。そして和尚さまに急いで、おにばばに追われてきたわけを話しました。

　和尚さまは、小僧さんを本堂の如来様《にょらいさま》のかげにかくしてくれました。しばらくすると、おにばばは風をたてながらお寺に着きました。和尚さまに、

「ここさ、小僧一人、逃げで来ませんが。たしかにこの寺さ入ったはずだが」

と言ってききません。和尚さまは、

「逃げで来ません」

ときつく答えました。おにばばはおこって、お寺中を探しまわり、帰って行きました。

はなし　弘前市田茂木町　斎藤タカ（七六）

瓜姫子と天《あま》の邪鬼《じゃく》

昔々、じさまとばさまが住んでいました。子どもが一人もなく淋《さび》しく暮らしていました。ある日、じさまが裏の畑へ行って見ると、でっただ《（大きな）》見たこともない瓜が一つなっていました。あまり珍らしいので、それをもぎとって家へ持ってきました。じさまは庖丁《ほうちょう》で切ろうとしますと、瓜の中からやさしい声がして、

「じさま、じさま、一寸待ってけへじゃ《（ください）》」

と言ったかと思うと、ぱちんと自分からひとりで割れて、中から小さい女の子が生れました。じさまとばさまは、びっくりして、これは神様が授《さず》けてくださったのだろうと、大事にして育てました。名前も瓜姫子《うりひめこ》とつけました。瓜姫子はだんだん大きくなって美しい娘になりました。

ある日、殿様からぜひ瓜姫子をお嫁にほしいともらいに来ま

した。じさまもばさまも、大へん喜んで瓜姫子をお嫁にくれることになりました。

「ばさま、ばさま、瓜姫子ァ、今度、殿様さ嫁コねなって行《え》ぐんだハデ、出来るだけ、りっぱネ仕度してやるべし《(やりましょう)》」

と二人で相談して、町へ買物に行きました。出かける時、じさまは、

「瓜姫子、瓜姫子、二人でお前の着物、買ね行ってくるハデ《(くるから)》、おどなしぐ留守していへや《(いなさいよ)》。それがら、留守ネ《(のあいだ)》天の邪鬼、来るがも知らね《(わからない)》ハデ、戸さ鍵かておげへや《(おきなさい)》」

とよく言いつけて行きました。

「よごえし《(よろしいです)》、早ぐ戻《もど》て、きてけ《(きてください)》」

と瓜姫子が答えました。二人は安心して、杖《つえ》をついて出て行きました。瓜姫子は一人で炉端《ろばた》に坐って、火にあたりながら、髪をときにかかりました。長い長い髪でした。一櫛といていると、櫛からしずくがぽたりとたれて、灰の中におちました。炉端の隅《すみ》の穴から目がつるしあがって口が耳までさけた天の邪鬼がべろっと出て来て、

「瓜姫子ー」

と呼びました。瓜姫子がびっくりしていると、

「お前、殿様サ嫁コね行《え》ぐてナ、お前ごと食《く》てしまワ」

と言いながら、おどかして、瓜姫子を縄でしばって板じきの下にかくしてしまいました。そして、自分で瓜姫子の着物を着て、知らんふりをして坐っていました。

やがて、やっこら杖をついて、じさまとばさまがたくさん着物をせおって帰って来ました。

「瓜姫子、今、帰って来たじゃ」

と言うと、天の邪鬼の瓜姫子は、ががら声で、

「今、帰れしたな」

と言いました。じさまは、あまりのしわがれ声に、

「瓜姫子、風邪《かぜ》でもふげしたなア《（ひきましたか）》」

と言いました。それから家に入って、買ってきたきれいな十二単衣《ひとえ》を着せて、お嫁にやりました。


天の邪鬼の瓜姫子が籠《かご》にのって途中松原を通りますと、松の木に止まっていた一羽の烏《からす》がこれを見つけて鳴きました。

「瓜姫子ァ乗る籠サ、天の邪鬼ァ乗てら、ガオラ、ガオラ。」

籠かきがこれを聞いて不思議に思いました。又そのまま歩いて行くと、こんども烏が松の木に飛んで止まりました。そして、

「瓜姫子ァ乗る籠サ、天の邪鬼ァ乗てら、ガオラ、ガオラ」

と鳴きました。そこでみんなは籠を止めて、窓をあけて見ると大へんでした。おそろしい天の邪鬼が瓜姫子の着物を着て、グウグウ眠っていました。そこでみんなはおこって、天の邪鬼をひどい目にあわせて追い出しました。家に帰って探《さが》してみると、ほんとうの瓜姫子は板じきの下に入れられて、ふるえていました。それから改めて、瓜姫子は、殿様のお嫁に行きました。

はなし　弘前市田茂木町　斎藤タカ（七六）

天狗さまとばくち打ち

昔、一人のばくち打ちがありました。毎日ばくちを打っては負けどおしで、着物もぬがせられ、下着一枚のあわれな姿になって、うなだれて歩いて来ました。すると杉の根っこにつまずいてしまいました。下を見ると古ぼけたかけご《（びく）》がおちています。ばくち打ちは、

「ああ、これあいいものがおちているぞ」

と拾って、杉の根かぶに腰かけ、かけごをのぞき眼鏡《めがね》のようにして、

「ああ、江戸、大阪、唐《から》まで見えるぞ」

と大声でどなりました。すると丁度その時、杉のてっぺんに天狗さまがいて、昼寝の最中でしたが、その声に目を覚まして、降りて来ました。ばくち打ちに、

「ばくち打ち、ばくち打ち、おめェ、その眼鏡コ、われサ売てけねナ」

と言いました。ばくち打ちは、びっくりしたように、

「これェ、ねだんコ高ごせ」

と言いました。天狗さまは、ほしくてたまらず、

「この天狗、ほしいと望んだからには、値段《ねだん》は、なんぼ高くてもえい」

と言って、何百両も払って買いとることになりました。天狗さまが、そのかけごを受けとる時、

「ばくち打ち、ばくち打ち、おめエ、この世の中で、何、一番おこねバ《（おそろしいか）》」

と聞きました。ばくち打ちは、

「われのおこネもの、さどもちでさネ《（さとうのついた餅）》」

と言いました。次にばくち打ちが、

「天狗さま、天狗さま、おめエさま、この世の中で、何、一番おこなごす《（こわいですか）》」

と聞きましたら、

「おれの一番おこネものは、ばらかぶだネ」

と答えました。こうしてばくち打ちは、かけごをわたしました。ばくち打ちは、かけごをわたす時、天狗さまのすきを見て、こっそり、とげの一ぱい生えているばらかぶをかけごに入れて、知らんふりをしてわたしてやりました。そして自分では、何百両も、ただもうけして、どんどん走って家に帰りました。


　天狗さまは何も知らないで、又杉のてっぺんに登り、そのかけごを目にあてて、眺めましたが、江戸、大阪、唐も見えません。覗《のぞ》いているうちに、却《かえ》っていつも大事にしていた高い鼻がばらかぶにつかえて長い鼻の方々を怪我《けが》して傷だらけになってしまいました。天狗さまは、はじめてだまされたと気がつきました。

　その頃、ばくち打ちは家に帰って、天狗さまのしかえしが恐ろしくて、部屋の真中に、ふと

んを敷いて、夜具を何枚もかけ、寝ていました。

暗くなって、天狗さまは大へんおこって、ばくち打ちの家にやって来ました。

「ばくち打ち、えだが《(いますか)》」

と屋根の上から叫んで、いっぱい持って来たさともちを、どんがどんがとそら窓から手を入れてぶっつけました。ばくち打ちは、ふとんから手を出して、

「わーえ、天狗さま、かにしてけへじゃ《(ゆるしてください)》。わい、おこねじゃ《(おそろしい)》、わい、うめじゃ《(おいしい)》」

と、さともちをたくさん拾って食べました。天狗さまは、ばくち打ちにしかえしが出来たと、いい気持になって、再び杉の木に戻《もど》って行きました。

はなし　弘前市西茂森町海蔵寺　花田よみ（七五）

雁汁《がんじる》コ

昔、ある所によいおじいさんと、悪いおじいさんが隣り合わせて住んでいました。ある日、よいおじいさんが、田舎《いなか》に行っての帰り道、一人で歩いてくると、家の軒下に小さな白犬が捨てられて、きゃんきゃんないていました。おじいさんはかわいそうに思って、その白犬を拾って帰って来ました。そうして、おばあさんと二人で大事に育てていました。ある日、いつも薪《しば》を刈る山へ連れて行くと、その白犬が土をひっかいて、「ここ掘れ、きゃんきゃん。ここ掘れ、きゃんきゃん」

となきましたので、掘ってみると土の中から、たまげる程の大判小判が出てきました。おじいさんは大へん喜んで家へ持って帰りました。

　次の日、おばあさんと二人で、そのお金を座敷にひろげて、桝《ます》ではかっていますと、隣りのおじいさんが、火種をもらいにやって来ました。その様子を見て、

「おやおや、その金《ぜに》コ、おめェだちで、どうして、どこから出へしたば《（だしましたか）》」

と聞きました。

「あれ、えのな《（わたしの）》、白犬コあ、掘らへしたね《（ほらせました）》。」

「そんだら、われさも、貸《か》してヶ」

と言って、隣りのおじいさんは白犬をむりに借りていきました。次の日、山へ連れて行くと、白犬は又やっぱり、土をひっかき、

「ここ掘れ、きゃんきゃん。ここ掘れ、きゃんきゃん」

となきましたので、おじいさんは喜んで、土を掘って見ると、そこには山蜂《やまばち》の巣《す》があって、蜂がぶんぶん出て、おじいさんの身《からだ》を刺《さ》しました。おじいさんは、大へん怒って、白犬をうち殺して土の中にうめてしまいました。そしてその上に柳《やなぎ》の枝を一本さして帰ってきました。

「隣りのじさま、おれの犬コどうなれした」

と、よいおじいさんが聞きにきました。

「おめェだちの犬アな、われに、ここ掘れてしたハデ掘ってみだら、蜂の巣ごと、あでしたね《（あてました）》。そしてわれゴト刺したハデ殺してしまえしたじゃ。」

「おやおや、かわいそだゴト《（かわいそうなこと）》したねシ」

とおじいさんは言って、聞いた通り山へ行ってみると、埋《うず》めた所に柳の木が一本さしてありました。おじいさんは、それを持ってきて、焼いて灰《はい》にしました。そして屋根に上って、大声で、

「雁《がん》のまなぐ《（め）》サ灰入《あぐ》れ。じさまのまなぐサ灰入るな」

と叫んで、灰を撒《ま》きました。すると飛んできた雁の眼に灰が入って、二、三羽ぼたぼたとおちてきました。おばあさんが下にいて、その雁を棒でたたきふせました。二人は何羽もとって帰り、おばあさんが、晩にこれを料理して二人で雁汁《がんじる》コをおいしくたべていました。そこに又隣りのおばあさんが、

「火種コ一つけでけ《（ください）》」

と入って来ました。そして、

「めったネ甘《う》めエかまり《（におい）》コするんでへんな《（するではありませんか）》、何、こしらえでたべているんですバ、われネも一ぱいかへでけへじゃ《（たべさせてください）》」

と言いましたので、一ぱいたべさせてみました。

「これ、何の肉コですば《（ですか）》」

と聞きましたので、今日灰を撒いて、雁を捕《と》った話を知らせました。隣りのおばあさんは、

「それだば《（それなら）》、家《え》でも、やって見ねバまいネ《（やってみなければならない）》。それネしても、家《え》のじさまネモ、かへで《（たべさせて）》見ねばまいねハデ、もう一ぱいいけでけじゃ」

と、むりを言って、もう一ぱいもらって帰りました。途中おばあさんは、慾をおこして、その汁の中の肉をそっとたべて、そのお汁《つゆ》の中に犬の糞《くそ》を一片《ひときれ》入れて、なに知らん顔をして持って

帰り、それをおじいさんにたべさせました。おじいさんは一口たべて見て、

「この雁汁コあ、汁《しだじ》コうまいが、中の身コあ、少しこぐせナ《（くさいな）》」

と言いましたので、おばあさんは、

「この身コあ、少し日かずコたって《（日数がたって）》、かまりコ《（におい）》してきたんですべ《（きたのでしょう）》ネ」

とごまかしました。


次の日、隣りのおじいさんは、大きなざるに残っていた灰を一ぱいもらって来ました。大屋根に上って待っていますと、間もなく、雁が何羽も飛んできました。おじいさんは、うろたえて、

「雁のまなぐサ、灰《あぐ》入るな。じさまのまなぐサ、灰入れ」

とまちがえて叫んで、空に撒きました。すると灰は雁の眼に入らないで、おじいさんの眼に入り、盲《めくら》になって、どだどだどしんと、屋根からころげおちました。下にいたおばあさんはおちてきたのが雁だと思って、下で待ちぶせて、

「なんぼ、おっき《（おおきな）》、雁、おぢで来たべな《（きたのでしょう）》」

と言って、持っていた棒で、おじいさんを、たたきふせて、殺してしまいました。

はなし　弘前市新町　岡本タケ（七二）

安兵衛さまの話

昔、津軽に、とてもけちんぼうな安兵衛という人がありました。病気になったので仕方なく医者にかかり、薬代を払《はら》うのがおしいと思って、十二月の薬師講《やくしこう》までのばしていました。

いよいよ薬師講になりましたので、安兵衛さまはお金を持って出かけて来ました。大きなふろしきをせおって山中を歩いてくると、道端でかりうどが鉄砲で一羽の鳥をねらっていました。安兵衛さまは急ぐこともないのでその様子を見ていると、かりうどの後に大きな蛇《へび》が一匹いて、一のみにしようとねらっています。そしてとうとうかりうどを一口にのんで腹をふくらませ、そのまま草原に入り、なにか緑の草をペロペロなめはじめました。すると蛇の腹が、しなやかになって再び出て来ました。

安兵衛さまは、「これは不思議なことだ。吾《われ》も薬師講に招《よ》ばれて、おそばをごちそうになっても、緑の草の用意があれば大丈夫だ」と考えました。そして茂みの中から緑の草を何本もつんで、たばねて腰にさげ、急いで行きました。医者は喜んで迎え入れ、お金を受け取って、それから何ばいもおそばをごちそうしてくれました。安兵衛さまは、よくばってたくさんたべたので、お腹《なか》がはりさけそうになりました。

「われ、一寸、はばかり《（べんじょ）》サ行ってくるハデ《（きますから）》」

とことわって外へ出て行き、かくしていた緑の草をこっそり出してなめました。

　その後いくら待っても、安兵衛さまが帰って来ませんので医者は心配になり、外へ探しに行きました。しかし姿が見えません。ただ、けやきの木の前に手織《ており》の羽織が一枚あって、その上におそばがあがっていました。緑の草はおそばがとけず人の身《からだ》がとける草だったのです。安兵衛さまはとうとうとけてしまいました。

はなし　弘前市紺屋町　一戸ひで（六五）

狐の仇討《あだうち》

昔々、その昔、ある所に大へんきてんのきくあん様があね様と二人で住んでいました。

ある晩、御飯《ごはん》を早くたべて、村外《はず》れの友だちの家に遊びに行きました。ちょうどたそがれ時です。狐森《きつねもり》を通りますと、たくさんの悪狐がいて、殿様に化けて、大名行列のまねをしていました。あん様はいつかこの狐どもをこらしめてやろうと考えていましたので、その狐にわざと、

「うまく化けたと思ってるナ。尾っぱが見えてるぞ。尾っぱが見えねェ化け方、知らせるが。今晩、家さこねェか」

と大声で言いました。狐どもは、それをきいて、そん

な化け方があるなら習いたいものだと思い、その晩あん様の家に行くことになりました。

　一方、あん様は先まわりをして、すぐ家に帰って待っていました。そろそろくる頃だなと思っていると、果して三十匹もの狐どもがやって来ました。あん様は、その前に、嬶《かかあ》に言いつけて、白《しろ》布を三反買わせ、大袋を三つ作らせて、かくしておきました。そして狐には大好物《だいこうぶつ》のあぶらげや小豆飯を、たらふくたべさせました。狐どもの腹が一ぱいになった頃をみはからって、かねて用意の袋を取り出し、

「さあ、誰でも一番先にこの袋ｻ入った者ﾈ一番えェ化け方、教えでやるぞ」

と言いました。そして一つの袋に十匹ずつ、三つの袋に全部入れて、しっかり袋の口をしめてしまいました。あん様は、

「おれが一反袋の長袋、袋の口をとめかけて、えんやらやー、えんやらやーと、掛け声をかけるから、お前たちは袋の中で、スッコークヮエンのクヮエン、クヮエン、クヮエン、とはやせ」

と言いました。あん様が掛け声をかけると、狐どももこれに合わせて、はやしたてました。だんだん強くひきずり、いい頃をみて、合図をしてたくさんの村人に来てもらい、一せいに棒でなぐらせました。こうして三十匹はたたき殺されました。この時、どうしたことか、ただ一匹の子狐が袋の割目から抜け出し、命からがら狐森へにげ帰りました。

　その頃、狐森には古狐が一匹で留守番をしていましたが、あまり仲間の帰りがおそいので大へん心配していました。その時一匹の子狐が血だらけになって息もたえだえに走って来ました。

わけを聞くと、あん様にだまされて、仲間が皆殺しにあったということが分りました。古狐はひどく怒って、

「そんなら、かたきをうってやるから、俺《おれ》のとおりやれ」

と、子狐に耳うちしました。

あん様は、その後皆殺しにした狐どもの死がいを一つ一つ数えていましたが、どうしても二十九匹よりありません。一匹がにげたことが分りました。

「これァきっと、しかえしにあうぞ、こうしてはおられない」

と子狐のあとを追って、狐森へやって来ました。そして木のかげにかくれて、古狐と子狐の話をきいてしまいました。

「これから、あん様の家にいって、その家の廻りをぐるぐる廻れ、そして七回目に家の窓へ上って、グヮゲエ、グヮゲエ、と七回叫べば、狐ののろいで、あん様の家の者は、一人残らず死んでしまうから」

と言うのでした。あん様は早くも家にもどって準備にとりかかりました。先ず嬶《かかあ》に言いつけて、家の廻りにおが（おがくず）を撒《ま》かせ、狐のくるのを今か今かと待っていました。

そのうちにだんだんあたりが暗くなってきました。なまぐさい風が吹いてきて、狐がやって来ました。そっとあん様の家に近づきました。狐はおがの撒いてあるのに気がつかず、ぐるぐる廻りました。あん様は家の中にいて、「来たな」と思いながら、何回まわったか勘定《かんじょう》していました。狐が家の廻りをまわる度に、おががかさかさとなりました。そして六回、七回と廻る

と、窓の下に止まりました。今にも両脚を窓にかけようとした時、あん様は、窓から顔を出して狐より早く、グヮゲエ、グヮゲエと七回叫んでしまいました。狐は先をこされて、のろいがやぶれてしまい、そのまま窓の下にぐんなりとなっておちて死んでしまいました。これからは狐森の悪狐もいたずらをやめて、村の人も安心して暮らすことができるようになりました。

はなし　弘前市富田　小野吾郎（五四）

あいごのわごうさま

昔々、津軽にあいごのわごうさまという人がありました。

父親は、江戸上りを命ぜられて、田舎《いなか》にはおりません。国もとにはまま母とあいごのわごうと二人で留守をしておりました。このまま母は大へん心のよくない人で、あいごのわごうをにくみ、家に伝わる家宝の〝たけだ、からくりやいばの太刀《たち》〟を人をつかって江戸に売りにやりました。そして、

「もし、誰から頼まれて売りに来た、と聞かれたら、あいごのわごうさまに言いつけられて売りに来た、と答えろ」

といってやりました。

たのまれた太刀売りは、やがて江戸に来て、町中を、

「たけだ、からくりやいばの太刀ィ太刀」

とふれて歩きました。江戸長屋におった、あいごのわごうの父親が、それをききつけ、「これはおかしい」と思って、呼んでみました。そしてよく調べて見ると、自分の家の宝物であることが分りました。父親は、

「これは、誰が江戸へ売りによこしたのだ」

とたずねました。すると太刀売りは、

「私は、あいごのわごうさまの御命令で売りに来たのです」

と答えましたので、父親は大へん腹を立て、急いで津軽に戻《もど》って来ました。あいごのわごうは、今日はおとうさんが帰ってくるというので喜んで玄関に出迎えました。

「父上、お帰りなさい」

と言いましたが、父親はむっつりとして返事もなく、

「ちょっとこい」

と、呼びました。

「お前は、家伝《かでん》の宝物を売りに出したというが、それはどうした理由《わけ》だ」

と叱りました。あいごのわごうさまは、

「わたしは、分りません」

と答えましたが、父親は聞き入れません。とても怒って、

「わごう、ここへ来て、はだかになれ」

と言って庭の木にさかさにつるして、せっかんしました。その時、死んだ実母が現われて、

「わごう、お前には罪はない、江戸の叔父をたよって行け」

と申しました。又飼っていた猿もおりを破って出て来て、つるされていた縄を咬み切ってくれました。

二人は旅に出ました。途中でお腹《なか》がへってきたので、道ばたの桃の実をいただこうとしました。

「猿、猿、あの桃一つ、取ってけろじゃ」

といったら、猿は木に登りかけました。その時一人のばさまが出てきておこりました。わごうさまは、

「この桃は、花が咲いても実はなるな」

と和歌《うた》をかけて行きました。又ずっと行くと桃の木がありましたので、一つもらいに猿をやりました。ばさまがでて来て、

「おやおや、旅の人、いくらでもとっておあがり」

といってくれました。そして桃のほかにおむすびもくれました。わごうさまは、

「この桃は、花は咲かずとも実はなれ」

と和歌をかけて通りました。やがて江戸について、叔父のいる長崎の家につきました。門をどんどんと叩《たた》いても、誰もでて来ません。わごうさまは、これではあわれないかもしれないと力

をおとして、とうとう池に身を投じました。

「猿、猿、お前は山へにげてゆけ、途中猪《いのしし》に気をつけてな」

と言いきかせると、猿も首を横にふったので、二人で池に入ってゆきました。わごうさまは浴衣《ゆかた》の片袖をちぎって、小指をかみ切り、血で遺言を書きつらねました。そして死んでしまいました。

次の朝になりました。叔父の和尚《おしょう》さまが、朝、庭にでてみると、松の木につるしてある片袖を発見しました。それを見ると、あいごのわごうの遺言でした。一部始終を初めて知った叔父は池に向ってお経を読むと、池の中からお猿を肩にのせたあいごのわごうさまが現われました。早速津軽にいるおとうさんにこの事を知らせました。おとうさんもはじめてまま母のしうちと悟《さと》り、まま母を殺して自分は仏門に入り、あいごのわごうさまを山王様に祀《まつ》りました。

はなし　弘前市　藤沢徹男（四七）

デクの分身法《ぶんしんほう》

　昔、ある所に仲のよい夫婦《ふうふ》が住んでおりました。

　ある日、二人が畠《はたけ》に出で働いていますと、急にどこからか旋風《つむじかぜ》が吹いてきて、妻の方をまき上げて遠くへ連れて行ってしまいました。ドカリと落された音に目をさましました。妻は自分の立っている山がどこの何という山か分らないので途方《とほう》にくれていました。やがてそこへ一人の男が来ましたので、

「ここ、なんじ《(なんという)》所ですバ」

と聞いてみますと、家から何百里も離れている所とわかり、その男が一人者だったので、その

人の妻になって暮らすことになりました。それから七年たって、その男との間にデクという男の子が生れ、三人はたのしく暮らしていました。ところがその男は実は鬼だったのです。それで生れたデクも鬼でその額《ひたい》には小さい角が生えていました。デクは大へん悧口《りこう》で、親孝行でしたので、親鬼は目に入れても痛くない程、かわいがっていました。

一方故郷に残された夫は、年がたつにつれて、妻のことが忘れられず、旋風がさらって行った方向にむかって、たずねて旅に出ました。ある日、鬼の留守《るす》にデクが畠に出て働いていますと、顔にしわのよった老人がトボトボと歩いて来ました。かしこいデクは一目で、これが自分の母が故郷に残してきた前の夫《おっと》であることを知りました。老人は七年前の旋風の話をすると、かねて母から聞いていた話と同じであるので、家にかけこんで、母に知らせました。

母は前の夫とわかりましたが、夫の鬼のことがおそろしくて、どうしたらよいか迷っていました。それを見たデクは老人を家にかくして、鬼から守ろうと思いました。

晩になって鬼が帰ってきました。

「わい、人臭《くせ》えでー」

とさわぎました。

「人だけアえへんじゃ《(いませんよ)》。さきた《(さっき)》、雀ごと、火サ焼いで食べたハデ人臭いのですべネ《(ひとくさいのでしょう)》」

と言いました。しかし鬼は老人のかくれているおしいれの戸をあけました。デクは心配で、

「おどさ、ねサー、おしいれサ入ってら人ごと、食《か》ネて、われど約束してけじゃ。」

父の鬼は、

「うんにゃ《（いやいや）》、どしても食べてじゃ《（たべたいよ）》」

と言ってききません。デクは考え出しました。

「そだら、賭《かげ》、やるべし。負げれば、食われるごとネすべし」

と言いました。それから縄ない競争をしました。デクは鬼にへたへたになった藁《わら》をあたえ、老人には手頃の藁をあたえて競争させました。老人が三把《さんぱ》もなっている間に鬼は手に藁がくっついてなわれません。

　次に小豆くいが始められました。鬼には小豆の中に砂をいれ、老人には砂糖のまじった小豆を煮《に》てあたえました。鬼が砂をぺっぺっと吐き出して食べてるうちに老人は食べ終りました。こうして鬼は賭《かけ》にやぶれてしまいました。それでも鬼は負けたとは言いません。晩になってから鬼は、

「今までのは、みんなじょうだんだよ」

と言います。今度は老人を裏にさそい、新しくこしらえた釜を見せると言いました。老人が何の気なしに釜を覗《のぞ》いていると、やにわにつき入れて、上からふたをしてしまいました。

「デクー、急いで薪《たきぎ》コ持て来てけろじゃ《（ください）》。今、甘《うめ》ェもの、煮《に》で食《か》へるハデ」

と叫びました。デクは父の悪だくみを知って、急いでわざとすりこぎを持ってきました。

「ばかなやつだなア、これ薪コねなるナ、早ぐ持ってこい。」

　デクは、今度は箸《はし》をたくさんもってきました。鬼は怒って、

「わがらネやづだ。吾《われ》、もってくるハデ。お前この釜ゴト、おさえでろ《（おさえていなさい）》」

とぶつぶつ言いながら、薪をとりにうら山へ行きました。デクはその間に老人を釜から出して、母と三人で、川を舟にのって故郷さしてこぎ出しました。

薪を腕《うで》にかかえて、山から帰ってきた鬼が、舟にのって逃げてゆく三人を見つけました。鬼は大へん怒って、川にしゃがんで水をのみました。川の水がだんだん少くなって、舟が鬼の口に近くよせられました。デクは驚いて、

「おがさ《おかあさん》、一寸、尻《しり》、まぐってけ」

と叫びました。母は急いで尻をまくると、デクが、へらでピチャピチ叩《たた》きつけました。鬼はあまりおかしいので、ぷっぷと吹き出しました。そのひょうしに口からも鼻からも水をはいて、舟はながされ、やっと三人は故郷へ着きました。

その後、三人で暮らしていましたが、デクはやっぱり鬼の子で、毎日近所の子供の手をかじったり耳をかじったりして、苦情を申しこまれます。デクは、これは自分の命が終りになったのだと気がつき、ある日、両親に、

「吾《われ》、近所サ迷惑ばり《ばかり》かけるハデ、死なせでけ」

と頼みました。両親は泣く泣く、デクをまないたにのせて、細かくきざみました。すると、デクの皮が飛んで蚊《か》になり、肉は虱《しらみ》になり、骨は蚤《のみ》になりました。

それで、デクは今でも、人間を食べたい食べたいと言っているのだそうです。

はなし　弘前市　福井尚（七〇）

火の太郎

昔、娘が一人ありました。ある時、裏の道を歩いているると、今まで見たこともない大きな穴を見つけました。中を覗《のぞ》いてみると大分広そうなので、つい見たくなり、奥へはいって行きました。すると黒い門の立った一軒の家があり、どんどんと叩《たた》くと、中から顔色の青い若者が出てきて、中へ入れました。二人はそこで一しょに暮らすようになりました。しかし不思議なことにこの若者は、毎日朝早くどこかに出かけて行き、晩おそく帰ってくるのでした。若者は、

「けっして自分の行先きを、尋ねてくれるな」

と言います。

ある日、娘はこっそり若者のあとをつけてみました。

若者は襖《ふすま》をあけたてして進んでいきます。一番奥の部屋までいくと、がやがやと人声がしました。娘ははっとして、外に立ち止って様子を覗《のぞ》いて見ますと、若者を、大ぜいの鬼が、まっぱだかにして、大将のめくらの鬼が合図して、大きな炉《ろ》にかけたわたしにこの若者火の太郎をあげて、火あぶりをしていました。若者が死にそうになると、

「今日は、このぐらェにしておけ」

と命じて、火から若者をおろします。娘はあまりにおそろしくて、すぐ襖をしめて逃げて帰りました。

次の日、若者は、

「娘さん。おめェさまは、毎日のお留守で、淋しごソ《(さびしいでしょう)》。こごネ、鍵、十三あるハデ、十三の倉ッコ見でいでけ、十二まで見でもえェけんども、十三番目は、見すな」

と約束して、鍵をわたして出かけていきました。

娘はさっそく鍵をもって倉をあけて見ました。一番目の倉はお正月で、小人たちが大ぜいいて、松飾りの下で紋付《もんつき》を着て歩き、小人の娘たちは羽根つきです。二番目は二月で、梅の花が咲き、小人が小さい凧《たこ》をあげて遊んでいました。三番目は三月で、桃の節句です。小人の娘たちは豆びなを並べてうれしそうに遊んでいました。四番目は四月で、おしゃか詣りに小人の老人たちは孫をつれてお寺へ歩いていました。五番目は五月で、小さい鯉のぼりを立てて、お座敷には武者人形が飾られています。六番目の蔵の中には川が流れて、よいお天気に小人たちはおせんたくです。七つ目は夕方で、七夕祭《たなばたまつり》でした。八つ目は夜の景色で、十五夜さまです。

九つ目は秋日和《あきびより》の山歩きの所です。十番目は栗拾いの場面で、小人たちは栗拾いに夢中です。十一番目は初霜《はつしも》の景色で、軒に大根を干《ほ》しています。十二番目は雪の景色で、小さな雪だるまで遊んでいました。十三番目は見てはいけない蔵です。しかしどうしてもあけて見たくなって、約束をやぶって開《あ》けてみました。そこにはりっぱな部屋があって、向うのちがい棚の上に黒ぬりの箱が一つのっていました。娘は箱に近づき、あけて見ると、ガラス玉のようなものがブワブワ入っていました。娘は取ってふところに入れ、急いで出ました。外に川があって、娘は水を飲もうとしゃがむと、川のそばの松の木にいた蛇《へび》が下がってきて、娘にむかってきました。びっくりした娘は、川をまたごうとすると、ふところの玉が一つ川におちて、流れていきました。娘は、大急ぎでさっきの十三番目の倉に鍵をかけて、知らんふりして自分の部屋に戻《もど》っていました。晩にはいつものように若者が帰ってきました。

夕飯をすませて、二人でいると、奥からドヤドヤ鬼どもが入ってきました。みんな頭をさげておじぎをし、

「今晩、前の川で、大将が目玉を拾いました」

と言ってから、

「先代さまが、何年も前に私が悪いことをしたので、目玉を二つとってしまったのです」

と申しました。見ると鬼の大将は、目玉が一つよりなく片目でした。

「それが、今日こうして目玉が一つ見つけられました。どうかもう一つ目玉を返して下さい。これからは、おめェ様を火あぶりになんかしません。この宝物もあげます」

と頭を低くたれました。若者は娘に、

「あなたは、私に何かかくしごとでもしていませんか、目玉のことで」

と言いました。娘は、

「実は昨日、禁じられていた、十三番目の蔵をあけたら、目玉をみつけました」

と言うと、

「どうか、その目玉を私に返して下さい」

と鬼が頼みました。娘はふところから、もう一つ出して与《あた》えました。鬼は喜んで、片方の目に、はめこみました。火の太郎はたくさんの宝物をもらって、翌日からは火あぶりの刑をうけに出かけなくてもよくなりました。娘もその宝物を見ていると、

「あねコあねコ」

と呼ぶ声がします。

娘は夢を見ていたのでした。

はなし　弘前市　福井尚（七〇）

天の羽衣《はごろも》と小間物屋

昔、ある美しい浜辺に六人の天人がおりて、舞をまっていました。舞が終ると、六人は松の木に羽衣をかけて水を浴びました。そこへ小間物屋が通りかかり、松にかかっている羽衣を見つけて、その中の一枚をこっそりとって家に帰りました。一番末子の天女が天に帰ろうとしますと、羽衣が見つかりません。それで仕方なく、村外れの小間物屋の前に、はだかのままで立って一夜の宿を願ってとめてもらいました。そしてとうとう小間物屋のお嫁《よめ》さんになりました。そのうちに子供が二人できました。小間物屋が行商《ぎょうしょう》に出た後は、天女は機《はた》をおったり、子供を育てたりして暮らしていました。

ある日、長男にお守りをさせて、いつものように機をおっていますと、赤ちゃんが長男のせなかで、しきりに泣きます。すると長男が、

「ぼうやよ、ぼうや。ええ子だから泣くのはおよし。泣かねば、羽衣見せでやら」

と歌っていました。母の天女がこの歌をきいて驚き、長男を呼んできいてみると、長男は、父親から固く口どめされていると、話しません。母の天女は、

「その羽衣さえあれば、こしたらだ《（こんな）》貧乏な家にいなくても、天国に行かれるんだよ、さあ、羽衣のある所を知らせセ」

とすかしました。長男は母と二人で、父がかくしておいた松の下の箱を掘って見ました。天女は羽衣を手に取るや、すばやく身にまとい、二人の子供をこわきにかかえ、天高く昇って行ってしまいました。

　何も知らない小間物屋は、夕方いつものように帰って見ると、庭の土が掘りかえされ、箱が出て、三人の姿が見えないので、大へん驚きました。仕方なく隣りのばさまに、

「天に行く方法がないか」

と聞きました。物識《ものし》りのばさまは小間物屋の話をきいて、

「天さ昇るんだら、急いで虱《しらみ》三升、蚤《のみ》三升を買って集めろ。それに灰《あぐ》三升まぜて、夕顔の種、一粒まげばえェ」

と教えてくれました。小間物屋は次の日から物もたべないで、虱と蚤を買い集めに出かけました。

「そんだべせ《(そうでしょう)》。三升たまったら夕顔一粒まいで、水かげろ、蔓《つる》出たれば、それさ、たもずかて《(つかまって)》、天さ昇ればえでば《(よいですよ)》。」

芽が出たと思うと蔓が出て、忽ち天へのびていきました。小間物屋はいそいで蔓につかまって、天へ昇っていきました。天国にとどきそうになったところで、頭の上で子供の声がします。

「おどさ《(おとうさん)》、来た。待でへ《(まっていなさい)》。今あげてけらはで《(上げてあげますから)》」

と長男が、太いつるべ縄《なわ》をさげてくれましたので、とうとう天の国に着きました。妻にもあい、姉たちにもあいました。それから天の主人の前に呼び出されました。

「コラ、お前は小間物屋か」

といかめしくききます。小間物屋は、

「ヘイ」

とかしこまりました。

「お前は、うちの娘の羽衣をかくしたというがほんとうか。」

「ヘイ。」

小間物屋はあまりの恐ろしさに、

「ヘイ、ヘイ」

とあとすざりをしましたが、あまり下ったひょうしに、雲の端から片足をはずして、まっさかさまに、下界に落ちてしまいました。

はなし　弘前市　福井尚（七〇）

化け太鼓《だいこ》

昔々、おじいさんがありました。ある秋の日です。豆のとりいれに畑にでかけました。せっせと十個の束《たば》に作って、畑に干《ほ》しておきました。

次の日、畑の見まわりに出かけますと、一束の豆が見あたりません。

「おや、誰かにぬすまれだか」

と思って、その日は帰って来ました。翌日も一束なくなっています。おじいさんは、豆どろぼうをつかまえようと思い、その晩おそく畑に出かけました。大分夜もふけたころ、垣根のところで、カサカサ、音がしました。

「ポン」

と垣根をとびこえて出てきたものがあります。おじいさんは、目を大きくひらいて見ますと、それは小さい狐でした。

「こら、豆ぬすびと」

とおじいさんは、狐をつかまえました。その時狐が、

「かにしてけ《(ごめんなさい)》。じさま、私の家ねは、子狐がうまれ、たべものがなくて、豆もらて行げした」

とあやまりました。そして明日、太鼓に化けてあげるから、放してくれと頼みました。

　おじいさんは、かわいそうに思って、にがしてやり、べつに豆を一束もたせて帰しました。

翌日、狐がおじいさんの畠にやってきて、

「サア、じさま、これがら太鼓に化げるハデ町さ売りネ行げへ」

と言って、くるりとひっくりかえると太鼓になりました。おじいさんは、

「太鼓買へんな、太鼓いれへんな」

とふれて歩きますと、子供がたくさん集まって来ました。おじいさんはそれをたたいて見せますと、狐の太鼓は、

「梅の花コも一さかり、桜の花コも一さかり、ハア、おっぽこぽんのぽん」

となりました。子供が母親にねだって、十両で買ってくれました。おかげでおじいさんは、思わぬもうけができました。さて子供は家に帰って、さかんに太鼓をたたきますので、狐の太鼓はいたくてたまりません。その度に、

「梅の花コ……桜の花コ……」

とならねばなりません。とうとうしまいに、たたいてもならなくなったので、二階のひあたりに乾《かわ》かすことになり、二階のらんかんにゆわいて、又外へ遊びに出ました。

　そこで太鼓に化けた狐は、子狐の待っている山へ、いそいで逃げ帰りました。

はなし　弘前市　福井尚（七〇）

とんびとかあさま

昔々、ある所にかあさまがありました。とうさまに早く死なれて、淋しく暮らしていました。

あるお天気のよい日、かあさまが裏に出て空を眺めていると、とんびが、

「ピロロー」

と輪をかきながら飛んでいました。かあさまは、とんびに向って、

「とんびでもえェから、とうさま、ほしじゃナ」

とひとりごとを言いました。

するとその晩、かあさまが寝ようと思っていると、トントン戸をたたくものがあります。出てみると一人の若者でした。

「吾《われ》、どこさも行ぐどごねえハデ、今夜一晩、宿かしてけ」

と言います。かあさまはふびんだと思って、泊めてあげました。

次の朝かあさまは、若者に魚売りの支度をさせて、行商《ぎょうしょう》に出してやりました。こうして若者は、この家のとうさまになりました。とうさまは行商に行く途中で魚箱をおろし、中の魚を

出して、とんびの姿になり、

「ボッキボッキ」

とたべはじめました。杉の上に烏《からす》が一羽いて、この様子を眺めていました。とうさまは魚をたべてしまうと知らん顔をして、家に帰ってくるのでした。

　ある日、お寺の杉林の中で魚を全部たべてしまった時、烏が、

「とび殿ャア、あただ《(あなた)》のかあさま、来ましたネ」

と鳴きました。とんびのとうさまは、びっくりして、

「なァしに、来ましょナ、うそばかり」

と答えました。今日も商売がうまくいかないで貸しになった、と帰ってかあさまに言いました。かあさまは不思議でたまりません。ある日、とうとうとうさまの後をつけていきました。すべてを知ったかあさまは、そのまま急いで家に帰り、さっそく釜に湯をわかし、とうさまの帰りを待っていました。

「おやおや、こわくて《(つかれて)》帰って来たべハデ、さあ足コでも洗ってけ」

とお湯をたらいにくんでさし出しますと、とうさまは、

「いらねじゃ、吾《われ》、一人で洗うハデ」

とことわりましたが、むりに煮《に》えたっているお湯に肢《あし》を入れさせると、とうさまの二本の肢が真赤に煮えて、

「ピロロー」

と一声叫んで、とんびの姿になり、空高く飛んでいってしまいました。

はなし　弘前市駒越町　工藤さだ（八五）

さるのむご様

昔々、あるところにおじいさんが娘三人と暮らしていました。ある日、おじいさんが山の麓《ふもと》の畑に豆をやっこらやっこらまいていますと、そこへ猿が一匹出て来て、

「一粒、一粒になあれ」

といたずらをします。おじいさんは、じゃまになって、心にもなく、

「猿、猿、一粒、千粒になれテ言ってくれれば、家の娘を嫁にくれてやる」

と頼みました。猿はそれを聞いて、

「じさま、さきた《（さっき）》の話コ忘れしナ」

と言って、そばへ寄ってきました。そして、

「一粒、千粒になれ」

と言ってくれました。猿はおじいさんの帰りぎわに、

「じさま、あさって嫁コもらネ行くはで」

と申しました。仕事も終って家に帰ってから、おじいさんは大へん心配になってきました。三

人の娘を呼んで、猿のところへ嫁に行ってくれるように頼みました。姉娘は、

「猿のどごサ誰が嫁に行くもんか」

と申します。中の娘も同じ答でした。ところが末の娘のお文《ふみ》こだけは、

「じさまの行げというどごダバ、嫁コに行ぐ」

と言ってくれました。

いよいよお嫁入りの日となり、猿からむかえが来て、お文こが花嫁姿でお山の猿の家に行きました。やがて秋になって、山から二人つれだって、おじいさんの家に遊びに行くことになりました。お文こは、土産《みやげ》に、猿に餅をつかせて、それを臼に入れたまま、猿の背中にあら縄でしばりました。途中までくると川の岸に、赤い実が一ぱいなった柿の木があったので、お文こは猿に、

「家《え》のじさま、柿すぎだハデ、土産に持って行きだごし《（行きたいです）》」

と言って、臼をせおわせたまま猿を木に登らせました。猿は、

「どの柿の実、とればえエば」

とききます。お文こは、

「もっと上の、真赤な柿の実です」

と言って、猿を上へ上へと登らせ、猿が、

「これだナー」

と言って、手をのばした時、枝がぽきんと折れて、川に落ちてしまいました。

あっぷ、あっぷと、流れて行きます。

猿は背中の臼が重いので、沈んでいきました。その時、猿は、

「猿はさわらど《（ゆっくり）》流れるけども、後でお文こ、お泣ぐやろ《（なくであろう）》」

と言って、沈んでしまいました。お文こは、土手を走りながら、

「猿は下になれ、臼は上になれ」

と叫びました。お文こは、やっと自分の家へ帰りました。

はなし　弘前市駒越町　工藤さだ（八五）

や

尻《しり》のなる病《やまい》とばくち打ち

ばくち打ちの松吉は、今日も仲間とばくちを打って負けてしまいました。一人でたそがれの途をとぼとぼ歩いてきました。そこは観《かん》音様《のんさま》の前でした。今はどうすることも出来なくて、仕方なく願《がん》をかけました。

「お観音様、お観音様、吾《われ》サ金さんずけでけ。」

こうして三、七、二十一日拝《おが》み続けました。ちょうど満願の日、拝殿の廊下《ろうか》にふしていると、白いひたたれの神様が現われ、

「お前の信心をききとどけ、へらを授ける、この赤い方で三回なでると、しっぷくしっぷ

く、しんでんでん、百六十さんがんがん、太鼓のガワ、ならばなれ、とうふくやデ答えで高ふぐョー、ビービービーと高く鳴り、白い方で三回なでると、なり止むであろう」と言って消えました。ばくち打ちは廊下にねそべって夢を見ていたのでした。ふと側を見ると、へらが置いてあります。

「ありがたや、かたじけなや」

とおしいただいて、飛ぶようにして家へ帰りました。

それから三日目の晩です。鎮守《ちんじゅ》のお宮のお祭で、たくさんの参詣人が通ります。向うから長者の娘が着飾ってお供と一しょに来ました。ばくち打ちは、へらをふところにして娘に近づきました。娘は拝殿の前に並んで拝みました。そのすきにばくち打ちは、石どうろのかげからコッソリ進み、娘の知らない間にお尻を三度なでました。すると忽ち、たくさんのお詣《まい》りのざっとうの人の間から音が出てきました。だんだん高く、

「しっぷく、しっぷく、しんでんでん、百六十さんがんがん、太鼓のガワ、ならばなれ、とうふくやデ答えで高ふぐョー、ビービー、ビー。」

娘はおどろき、はずかしくて、その場にしゃがんでしまいました。音は次第に高くなって、いつやむかわかりません。困り果てて、一人のばあやに残ってもらい、下男を家に走らせて籠《かご》をよびました。籠が来て、娘は尻から音を出しながら、参詣人をかきわけて、帰って行きました。

その後、町中はこのうわさで大へんでした。娘の尻のなる病は何日たっても全治《なお》りません。

ごむそも行者《ぎょうじゃ》も医者もあらゆる薬も、役にたちません。この時、ばくち打ちの松吉は、知らん顔をして、うらない師に化《ば》けて、娘の家の前を行ったり来たりしました。

「うらないさん、うらないさん。どんな病気にもよくきぐうらないさんでごすー《(ございます)》」

とふれて歩きました。長者の下男がこの声をききつけて、奥へ知らせました。

松吉はよび入れられました。奥の方へ通る時もやっぱり音が耳に聞えました。

ばくち打ちは、人ばらいをして、ただ一人、娘の部屋に入り、金屏風《きんびょうぶ》をまわした寝室に通り、娘の枕元に坐って一心に祈りを捧げました。

「身《からだ》の前の方はさしさわりがないが、後の方はどうなっているか、拝見します」

と娘のお尻の方にまわって、かくしていたへらをふところから出し、ふとんの上から白い方で三回なでました。すると、今まであんなに高く鳴っていた尻の音がだんだん低くなって、とうとうピタリとやんでしまいました。両親も娘も大へん喜びました。松吉に、

「あなたは、娘の命の恩人でごえす。何かお礼をあげたいが、若しおさしつかえがなかったら、家のむご様ネなってけ」

と頼みました。こうしてばくち打ちは、この家のむこ様になりました。松吉は、その後ばくちをやめて、まじめに働き、末代《まつだい》まで安楽におくりました。

はなし　弘前市和徳字俵元　平沢やえ（八〇）

御飯《まま》たべないおがさま

からす　からす
ンが《（あなたの）》家コやげるじゃ《（やけますよ）》
早ぐ　行《え》って
水かげろー
　水かげろー

烏《からす》が四、五羽、空を飛んでいます。外では子供たちが集まってわらべ唄《うた》をうたっていました。

茶売りは、かがあをもらうのならば、御飯をたべない人がほしいと探《さが》していました。

ある晩のこと、一人のあねさまがたずねて来ました。

「吾《われ》、御飯《まま》かねハデ、おめェ様のかがあネしてけ」

と言いました。あんさまは一目見ると、少々《しょうく》、色は黒いが、働き者だというし、それに一生、御飯を食べなければよいと思って、そのあねさまを、かがあにしました。次の日から茶売りは、あねさまを留守において、働きに出かけました。外でガアガアと烏のなき声がきこえると、あねさまは、羽ばたきをして、戸口から飛び出して行きました。

晩になって茶売りが家に帰ってくると、ちゃんと待っていて、御飯のおかずはいつも肉の料理をたべさせてくれます。それでも御飯は、一しょにたべません。茶売りは毎日不思議に思っていました。

ある日、隣りのおがさま《おかあさん》が、出かけて行った茶売りを呼び止めて、

「茶売り様、茶売り様、大へんです。おめェ様のあねさま、烏でさネ。うそだと思ったら一度、様子コ見でけへじゃ」

と知らせてくれました。茶売りは初めのうちは信じません。あまりすすめるので、様子を見る事にしました。次の朝、いつものように仕事に行くふりをして商売道具を背おって家をでました。そしてかくれて見ていると自分の家にたくさんの烏がガアガア鳴いて、迎えに来ました。

東五郎や　東五郎や
そば《そばの》川原ネ
馬一匹、死んでらネ
食うネあべじゃ《たべにいきませんか》

と鳴くのでした。すると急に家の中がさわがしくなって、真黒な一羽の烏が、ガアガアと鳴きながら飛んでで行きました。茶売りは、どってんして《おどろいて》、隣りのおがさまに相談しました。おがさまは、

「どうしたらよがべがナ《（どうしたらよいでしょうか）》。ン。そだな。よいごとあるじゃ。鳥じもの湯さ入るの、きらいだじハデ、湯さ入れで見しなが」

と知らせてくれました。そう言われてみれば、かがあの色が小黒いことや、お湯に一ぺんも入ったことがないし、不思議でした。それで、今日は一つお湯に入れてみようと、その日は夕方早く家に帰って待っていました。

「しばらく、湯コさ入らねでいたハデ、湯コわがしてらじゃ」

と言いました。あねさまは、もじもじして、入るふうがありません。茶売りは、むりに、

「入れじゃ、入れじゃ」

と手をひっぱって、湯に入れたら、

「ガア、ガア」

と叫んで、飛んでいってしまいました。

はなし　弘前市小人町　棟方せつ（四三）

ばくち打ちの化物退治

昔、ある古寺に化け物がいるといううわさがありました。

一人のばくち打ちがあって、いつも打ち負けてばかりいました。ある日夜道をぶらぶら歩いて来ますと、あるお寺の前に次のような立札がでているのが眼にとまりました。

「この寺の化け物を退治してくれた者は、一生この寺において住持《じゅうじ》にしてやる。」

ばくち打ちは、

「今日も、泊《とま》るところがないハデ、この寺に泊ってやれ」

と思って入って行きました。お寺の中は、何百年もたったものと見えて、クモの巣だらけのあばら家でした。ばくち打ちは、

「これでもいいじゃ」

と台所に行ってみると、炉《ろ》があって、火がこんごりおこっています。

「あれ、炉に火がおいてあるじゃ」

とそこにあぐらをかいてあたっていました。戸棚をあけてみると、たきたての御飯が一人前、

ホヤホヤゆげをあげて、それにおかずもそえてあります。ばくち打ちは、いい心持になって、御飯をたべて、火にあたってあたたまっていました。丁度夜の丑《うし》の刻《こく》になると、急になまぐさい風が吹いてきて、あたりがそうぞうしくなりました。えんがわの障子《しょうじ》に大きなかげぶつがうつって、巨《で（大きな）》っただ声で、

「和尚《おしょう》、問答《もんどう》かけるぞ」

と言いました。ばくち打ちは、

「はーい」

と答えました。化け物は、

「おれが問答ネ勝てば、お前を食うぞよ」

と言いました。ばくち打ちは、

「はーい」

と答えました。今度は、ばくちうちが、

「おれが、問答ネ勝てば、お前にスッペをうつぞ」

と声をかけましたら、化け物は、

「おー」

と答えました。それから、化け物が、

「天眼《てんがん》、はっそく、全《すべ》て、これをおうぎょうする」

と問《とい》をだしました。ばくち打ちは、すかさず、

「天眼とは、眼が上についていること。はっそくとは、足が八本あること。おうぎょうするとは、横に歩くこと。汝《なんじ》、元来《がんらい》、蟹《かに》であろう」

と返答《へんとう》して、化け物の頭にはっしとシッペをくらわせました。化け物は、

「うーん」

とうなって、暗やみの中に逃げこみました。

夜があけました。ばくち打ちはお寺の鐘を合図に打ちならしますと、村人は槍《やり》を持ったり、鎌を持ったりして、かけつけました。ばくち打ちは、みんなに、

「血のしたたるとおり探して行け」

と言って、探していくと、その血は堀《ほり》に続き、水の底にもついていましたので、みんなは、力を合わせて堀の水をかくと、水の干《ひ》上ったほら穴の中に何百年もたった大きな蟹が甲《こうら》を割られて血に染まって死んでいました。

ばくち打ちは約束どおり住持におさまりました。それから、その蟹の甲からミソをたくさん取りだして、村人たちにも配《くば》りました。これが、津軽地方で旧正月にお寺が檀家《だんか》に配る、「寺なっと」のはじまりだそうです。

はなし　弘前市和徳字俵元　平沢やえ（八〇）

郷土自慢《おくにじまん》

昔、松前の殿様と津軽の殿様と秋田の殿様と仙台の殿様と江戸の殿様が、みんな集まって、郷土《おくに》の自慢話をしました。はじめに松前の殿様から始めました。

「おれの方ネでったた《（大きい）》だ牛《べご》あれしじゃ。あまり大きくて、この間も、海の水ゴトみんな飲みほして、まだ足《た》りなくてあれしたじゃ」

と言いました。みんなは、

「そたらだ《（そんな）》、巨《お》っき牛、この世の中ネ、あるべが」

と言いました。次は秋田の殿様の順番です。

「私の方ネは、長い長い樟《くす》の木あれシ、その木は、あまり長くて、天まで昇っていって、又下へたれてきて、又、天サ向ってのびでいてシ《（いっています）》」

と言いました。それでみんなは、

「そたらだ、巨《お》っき長え木、あるもんだべな」

とたまげて聞いていました。次に津軽の殿様は、

「わたしは、最後にやるハデあどまわしにしてけ」

と言って、次の番を仙台の殿様にゆずりました。仙台の殿様は、あたりの殿様を、じろじろ見てから、

「仙台ネは、昔がら有名だ一本の竹あれシ。秋田様のよね《(ように)》、天サとどいで、下へさがってきて、又上サのびでる竹です」

と言いました。さて次は江戸の殿様の番です。みんなは、

「江戸だら、広い所だハデいろいろ珍らしものあるベネ」

と待っていました。江戸の殿様は、エヘンと咳《せき》ばらいをして、

「何ぼ江戸デモ大した珍らしい物だばごえへん。自慢にならネけんども、巨男《おおおどこ》一人あれシ。その男の目の玉二メートルぐらえで、身《からだ》は天サとどく程あれシ」

ととくいになって言いました。みんなは、あっけにとられて、

「さすがは江戸は江戸だけあるナ」

とほめはやしました。最後に津軽の殿様が、

「津軽ねは、珍らしものばかりで何から申し上げればえェが、わがりません」

と言いましたが、あるはずがありません。答えに困って、だんだん心配になって来ました。するとみんなが、

「津軽、やれやれ」

とせきたてましたので、

「津軽ねは、巨《お》っき太鼓あれシ。あまり大きくて日本の国が狭《せま》くて置く所がない程ですじゃ」

と申しました。外の殿様だちは、又津軽のじょっぱり《（ごうじょう）》が始まったと思って、

「なんぼなんでも、どうしてそんた《（そんな）》巨《お》っき太鼓、あるもんですば」

と問いました。津軽の殿様は負けてはいません。

「そんな物は、津軽サ来れば、いくらでもあれすじゃ」

と言いました。それを聞いて外の殿様は、承知《しょうち》ができなくなりました。

「そした、巨っき太鼓、何ごと材料ネして、誰、作るのですバ」

ときつく問いただしましたので、津軽の殿様は、

「うん。それですよ。その材料だば、太鼓の皮は松前にいる牛《べこ》の皮で、太鼓のガワは秋田の樟《くす》の木で、しめるたが《い》は仙台の竹で、それごと江戸の巨男サ作ってもらえしたデバ」

と申しましたので、みんなも、

「なるほど、今度の郷土《おくに》自慢《じまん》も、津軽様ネ負げてしまた《（しまった）》」

とほめました。

はなし　弘前市下新町　高橋清一（四三）

仲よし姉妹《きょうだい》と鬼

昔、ある所におさよとおとよという仲よし姉妹がありました。秋のお天気のよい日、二人は栗拾いに行きました。ところがどの山にも栗が落ちていません。次第次第に奥山に入っていったら途に迷ってしまいました。そのうちに日がとっぷり暮れたので、二人は、はなれないようにして歩いて来ますと、向うに一つあかりが見えました。

「あねさ、あそこァあかりコ見えでら、誰かいるのがも知らね」

と急いで行って見ますと、大へん大きな家でした。

「おたのみ申します」

と言うと、一人の男がでてきました。姉妹は

「暗ぐなって、家サ帰れへん。どうか、今晩とめでけ」

と頼みました。すると、

「二人でよぐ来たな、とまっていげ」

と言って中に入れてくれました。晩になると、何か支度をしているらしく、

「吾《われ》、一寸、酒コ買いね行《え》ってくるハデ」

と言って外へでました。妹娘が何の気なしに次の部屋を覗《のぞ》いて見ると、びっくりしました。人間を天井《てんじょう》から逆《さか》さにつるして、さっきの男が血をしぼっていました。

「ああ、この家は鬼の家なんだナ。困ったナ」

とあとで姉に知らせようと思っていました。

しばらくして男が帰って来ました。

「晩御飯の支度コできたハデ、その前ネぶどう酒《ざけ》コ一つ飲ませる」

と言いました。そして姉娘に盃《さかずき》をさしました。姉娘は知らずに一口飲みました。次は妹娘に盃がまわってきました。

「私は酒コきらえだハデ、飲めへん」

と言うと、その男は大へん怒りました。姉娘は酒がまわって眠ってしまいました。男は、

「お前たちは、早ぐ寝ろ寝ろ」

とすすめて、玄関の隣りの部屋に二人を寝かせました。だんだん夜が更《ふ》けていきました。妹娘はふとんの中で眠ったふりをしていますと、半刻《はんとき》もたった頃、隣りの部屋から、

「寝らしたが《（ねむりましたか）》ー」

と声がかかりました。

「まだ、寝ませんです」

と答えました。そのうちに妹娘は、だんだんねむくなってきましたが、必死《ひっし》に神様を拝《おが》んで眠らないでいました。そのうちに夢をみました。神様が夢枕に現われて、

「こうしていると、命をうばわれる。ここに槌《つち》を二つ置いていぐから身代りにしなさい。又、玄関におじょ馬《め》（かみさまのお馬）を二匹つないであるから、それに乗ってのがれなさい」

と言うのでした。ハッと夢からさめて妹娘は、すぐ姉娘をゆりおこし、枕に槌《つち》を二つねかせ、おじょ馬にまたがって、その家からのがれました。

　前の男がしばらくして、

「寝らしたがー」

と声をかけると、

「まだ寝ませんです」

と槌が答えてくれました。男は、おこって、

「子供のぶんざいで、いつまでも、眠らないやつだ」

と起きてきました。そして、寝床の上をふみつけますと、枕からゴロゴロと二つの槌がころびました。

「これあ、子供二人ゴト、逃がしたが」

と、口が耳までさけた鬼の姿になって、二人を追っかけましたが、その時には、おじょ馬に乗った二人は野を越え山越え、無事に家に帰っていました。

はなし　弘前市和徳字俵元　平沢やえ（八〇）

岩木山《いわきさん》と鬼

津軽の目屋《めや》に国吉《くによし》という所があります。一人のおばあさんが、ある朝早く起きて、ねぼけ顔のまま、戸口の大戸《おおど》をあけて向うをながめていると、突然、前方に広がる平地が、ものすごい音をたてて、めりめりと動きだしました。見ているうちに、地面がうず高く盛り上って、大きくなっていきます。又その出来上ったでっただ《（大きな）》こぶを、そのまま、まわりの小さな森山《もりやま》がおんぶして今の場所にすえつけました。おばあさんはびっくりして、

「あれ、あれ」

と大声で叫びますと、山はそれっきり、うなりが消え失せて、動かなくなってしまいました。たった一晩のうちのことです。

これが岩木山です。この山の頂《いただき》は鳴海山《ちょうかいさん》、巌鬼山《がんきさん》、赤倉《あかくら》

山《さん》の三つに分れています。岩木山の左肩が右肩より少し低いのですが、これには、こんな由来《ゆらい》があります。

　昔、岩木山に鬼が一匹住んでいました。いつも下界の子どもをさらって行くので、村びとは大変悲しんで泣いていました。その声が天にきこえ、天にいた観世音菩薩《かんぜおんぼさつ》さまが気のどくに思われて、その鬼を呼びました。

「鬼よ、お前を巖鬼山へつかわしたのは、悪い獣や毒蛇《どくじゃ》などをとりしずめるためにやったのだが、お前は子どもを食べてるそうじゃないか、そんなことをすると、再び天へ戻《もど》すぞ」

と言われました。鬼は、

「わたしは、人間をたべなければ生きていけません。菩薩さまのおいいつけでも、それはできません」

と答えましたので、菩薩さまは一策《いっさく》を考えだし、

「それなら、私と賭《かけ》をしよう」

と言いました。鬼も仕方なく賛成しました。

「お前の住んでいる山に、明日、太陽が昇る前に、りっぱな山をこしらえろ」

というのです。鬼は笑って、

「これは、たやすいことです」

と言いました。菩薩さまは、

「その山も、もっこ《(ものを運ぶどうぐ)》一つずつ、土をかついでこしらえるのだぞ」

と言いました、鬼は、

「よごえす《（よろしいです）》。よごえす」

と答えました。それから鬼は、一生けんめいにもっこをかついで、石ころや土を鬼の神通力《じんつうりき》で、一つずつ、せおって運びました。そうして右の肩をでかして、左の肩まで来ました。鬼は、

「もう、もっこ一つ運べばでき上がるぞ」

とよろこびました。その時、太陽が東の空から昇ってきました。菩薩さまは、

「それごらん、太陽が出る前に、お山の左の肩まで完全に出来ないではないか。お前の負けだ。これからは決して子どもをとって食べてはいけないぞ」

とおっしゃいました。こうして鬼は、巖鬼山《がんきさん》から天につれ返されました。それから下界には再び平和がおとずれました。弘前から眺める岩木山は、そのため左の肩が少し低くなって見えるのだそうです。

註　津軽の西方に岩木山が聳えています。古い時代にはこの山を阿蘇《あそ》べの森（火をふきたてている山）と呼び、活火山だったのです。又日本海を船で通る人はこの山を目じるしとしたようで、別の名を往来山《いゆきやま》とも呼んでいました。この山のまわりには高い山がなく、全くの孤峰《こほう》で、地方民の信仰の中心をなし、山岳信仰の古い風習が今も残っており、旧八月一日には、お山参詣《さんけい》の行事が盛んに行われています。

はなし　弘前市在府町　木村新吾（六二）

みそ搗《つ》き万兵衛

万兵衛さまは、みそ搗きです。弘前《ひろさき》の浜《はま》の町に住んでいて、秋になると、おとくいのみそを搗いてあげていました。万兵衛さまはおく病者の弱虫でしたので、毎日みそを搗いて晩おそく帰るのが一番こわいのでした。

ある日、兼平《かねひら》と鳥井野《とりいの》にみそを搗きに出かけました。搗き終ったのは日暮れ時です。さて帰ろうとしますと、その家のおかみさんが、

「万兵衛さま、今日は苦労かげだハデ《（かけたから）》、一ぱい飲んでいってけじゃ《（いってください）》」

とお酒をすすめました。お酒ずきの万兵衛さまは、暗くなるのも忘れてとうとうごちそうになりました。よい機嫌《きげん》になって、背中にみそべらをしょって帰っていきました。帰りにはどうしても岩木川の土手を通らねばなりません。だれも歩いている人がなく、川風がソヨソヨ顔に吹いてきます。あまりこわいので、万兵衛さまは走り出しました。あっちにフラフラ、こっちにフラフラ、ちどり足です。お月さまが後から照らして、自分の歩いて行く前方に黒い影がうつっています。パタパタと足音がして追ってくるようです。その時オヤと思って前方を見ると、

大きな頭の坊主《ぼうず》が自分におおいかぶさってくるように思われました。万兵衛さまは真青になって、一目《いちもく》さんに走り出しました。走れば坊主も走ります。やっとのことで家に帰りつきましたが、坊主が大戸《おおど》から万兵衛さまをおさえつけて入れません。

「コラ、嬶《かがあ》、巨《で》ったただ坊主、じゃまして、吾《われ》ごと家の中サ入れねじゃ、早く来て、助けでけろじゃ」

と叫びました。嬶が驚いて出て来ました。よくよく見ると、みそべらが戸の入口につかえて、万兵衛さまを中へ入れないのでした。やっと取りはずすと、

「坊主、うしろがらぼって（追って）来たのでねえナ」

と言いました。万兵衛さまはおくびょうでしたので、みそべらの影が坊主のように見えたのでした。

はなし　弘前市在府町　木村新吾（六二）

太郎の化者退治

昔々、ある所に、太郎という一人の息子《むすこ》が住んでいました。家は商家で、両親もそろい、何不自由なく育ちましたが、両親には一つの心配がありました。それは太郎は、大へん性質もよいが、家業を継ぐに必要な、読み書き、そろばんはちっとも勉強しないで、毎日毎日家にいて、猫《ねこ》の絵ばかりかいて暮らしていることでした。父親も困り果てて、

「太郎、お前は、家の商売を継いでいかれねハデ《（いかないなら）》、この家がら出ていって、暮らしてけろ」

と言いました。太郎は仕方なく、数十枚の猫の絵をふるしきに包んでせおい、当座《とうざ》の路銀《ろぎん》とにぎり飯を持って旅へ出ました。

太郎は、野や山を越え、とぼとぼと南の方をさして歩いて行きました。秋風が吹いて、あたりが暗くなってきました。村はずれの茶店の前に佇《たたず》んで、

「ばさま、どこかで私を泊めでくれるどご《（ところ）》ねェが、猫の絵ど一しょだら、死んでも残り惜《お》しぐね」

と言いました。ばさまは、

「そんだら、村外れのお寺ｻ泊まれへ」
と知らせたので、太郎はお寺に泊ることになりました。お寺はあばら家でしたが、村人がたくさんたべ物を置いていってくれたので、助かりました。太郎は、猫の絵を取り出して眺め、生きてる猫にものを言うように話しました。すると猫の絵は急に動き出し、ニャオーニャオーと、なきだしました。それから猫にもごはんをたべさせ、炉《ろ》の火にあたっていると、急に疲れがでて、その場に猫と一しょに眠りました。

だんだん暗くなって夜の丑《うし》の刻になると、なまぐさい風が吹いてきて、暗闇《くらやみ》の中から化け者が出て、太郎におそいかかりました。その時大小数十匹の猫が目を覚まし、化者にかかっていきました。化け者は小馬ぐらいのもので太郎をねらっています。しばらく乱闘が続けられましたが、とうとう猫どもにかみ殺されました。

夜が明けはじめました。太郎が目をさますと、自分の側に、大ねずみの死がいがあり、生き残った猫と怪我《けが》した猫と、死んだ猫の姿をみつけました。

太郎は村人に鐘を打ちならして知らせました。村人たちは馳せつけて、悦《よろこ》びました。太郎と村人たちは、怪我をした猫に手当をし、死んだ猫たちをあつく葬《とむら》いました。太郎はその後、心を改め仏道に入り、学問にも精を出し、りっぱな和尚《おしょう》さまになりました。この寺は、今もしいおこしの蚶満寺《かんまんじ》といって残っているそうです。

はなし　弘前市新寺町　山形まつ（六五）

お猿の地蔵さまおくり

昔々、よいおじいさんと悪いおじいさんが、隣り合わせて住んでいました。ある時、よいおじいさんが山へ薪を切りに出かけました。帰りに山道を通ってきますと、道端に立っている地蔵さまに、猿が何匹も出て来て拝《おが》んだり物を供えたりしていました。おじいさんは、次の日山道に一人で立って、地蔵さまのまねをしていました。すると猿が一匹出て来て、

「あれ、今日、こごネ地蔵さま立てら、もったいないハデ谷向うサ立でてける《（あげる）》」

と言って仲間の猿を呼び、みんなで手車《てぐるま》を組んで、地蔵さまをその上にのせ、運び出しました。谷川を渡る時、

「猿の尻《けつ》はぬらしても、地蔵の尻は、ぬらすナ」

と歌いながら渡し、谷向うの静かな所にすえ、お花や山ぶどうを供え、みんなで拝みました。

日が暮れてきました。猿は、

「地蔵さま、今夜、何枕《まくら》して寝ればよごし《（ようございますか）》、木の枕して寝ればよごすが、石の枕して寝ればよごすが」

と聞きました。じさまは、

「今夜、石の枕して寝ろ」

と答えると、みんな石を枕にして寝てしまいました。おじいさんは眠った頃をみはからって、出ていって、その猿を石で打ちつけ、獲物《えもの》にして家へ戻《もど》りました。これを隣のおじいさんが聞きつけて、次の日、むりに山へ出かけて行きました。聞いたとおり、山道に立って地蔵さまのまねをしていると猿が出てきて、手車に乗せて谷川を運んで行きました。おじいさんは、猿の歌声をきいておかしくなり、ついププと声を出してしまいました。猿どもは、

「あれ、この地蔵さま、にせ物だじゃ」

と言って手をほどき、おじいさんを水の上に落してしまいました。おじいさんはぬれねずみになってやっと家に戻りました。

はなし　弘前市田茂木町　斎藤タカ（七六）

蛙の恩返し

昔、殿様が二人のきれいな娘と住んでいました。ある時、朝早く庭へ出て散歩していると、草原で蛇と蛙がけんかをして、蛇に一のみにされようとしていました。殿様は蛙をふびんに思って、

「蛇《へび》、蛇、蛙ごと助けてけろじゃ。助けでければ、家《え》の娘ける《(くれる)》ハデ」

と言いました。すると、蛇は蛙をのまずにそのまま草原に入っていきました。後で殿様は後悔《こうかい》しました。毎日心配して暮らしていると、夢をみました。蛇が現われて、二、三日のうちに娘を嫁にもらいにいくというのです。次の日殿様は二人の娘を呼び、わけを話し、

「お前、蛇のどこサ嫁コね行ってけねな《(くれないか)》」

と頼みました。姉娘は、

「私は、蛇の所へなんか、嫁コに行げへん」

とことわりました。次に妹娘に話しますと、

「おとうさんの言いつけだば《(なら)》、どこさでも嫁コね、行げす」

と言ってくれました。そのうちにお嫁入りの日がやってきました。蛇から迎えがきて、妹娘は花嫁姿で駕籠《かご》にのって行きました。山奥へ入っていくと、大きな門構《もんがまえ》の家が建っていて、門の前に一人の青い顔の娘が立っていました。駕籠《かご》がその前を通ると、

「もうし、もうし、娘さま、待ってけ。私はいつか殿様ネ助けられた蛙です」

と言ったかと思うと、奥にひっこみました。二つの玉を両手に持って出てきて、

「この玉をあげます。水ほす玉、焼け干《ほ》す玉です。蛇《へび》を打ちとってけ」

と言うと姿が見えなくなりました。駕籠は又進んで行くと、沼がありました。娘はこの沼の底に入って行かねばなりません。

沼の中には、蛇が住んでいました。娘は駕籠から降りて、水ほす玉を投げました。すると沼の水が干上って、蛇の仲間が、何千匹もあらわれました。蛇のかしらが鎌首《かまくび》をもたげてはい上って来ました。娘はその時焼け干《ほ》す玉を投げつけたからたまりません。一面が火の海になり、むらがる蛇どもは、すっかり焼け死んでしまいました。娘は蛙の助けで無事に家に帰り、殿様と一しょに喜びあいました。

はなし　弘前市和徳字俵元　平沢やえ（八〇）

さば売りと山婆《やまうば》

昔、一人のさば売りがありました。毎日魚籠《さかなかご》をかついで売りに歩いていました。ある時、峠にさしかかると、山婆がうしろから追っかけてきて、

「さば売り、さば喰《か》へろ、こんだ《（こんど）》、銭《ぜに》コはらうはで」

とおっかない顔をしました。さば売りは、恐ろしくて、さばをたべさせました。次の日も山婆が先廻《さきまわ》りしていて、さばをとってたべました。こうしてお金は一文《いちもん》もはらいません。

ある時、山の峠で山婆とあったので、今度は、

「今までの貸《かし》、払ってけ《（はらって下さい）》」

と言うと山婆は目を皿《さら》にして、

「何、さば売り、今までお前《め》の命、助けでおいだのごと《（おいたのを）》」

と、きばをむいてかかってきましたので、さば売りは、そのまま逃げて帰って来ました。しかし残念でなりません。しかえしを考えていました。

　ある日、峠であった時、思い切って二かかえも山婆にさばをたべさせ、家に帰るふりをして、木の茂みにかくれて山婆の留守《るす》をうかがっていました。そのうちに山婆は出かけました。さば売りはこっそり山婆の家にしのびこんで、天井《てんじょう》のまぎ（二階の部屋）にかくれました。何も知らない山婆は帰って来て、炉《ろ》ばたへ坐《すわ》り、

「腹へったじゃ」

と言って、餅をやきにかかりました。後向きになって、背中あぶりをしながらねぶりかけをしました。餅が焼けたとき、さば売りはまぎからかやを一本抜いて上から餅に刺《さ》し、みんなつり上げて食べてしまいました。山婆は目を醒《さま》し、前むきになると餅が一つもないので大へん怒って、

「誰だベナ。吾《われ》の餅食《く》ったの」

と言いました。さば売りは、

「炉《ろ》の神様、食べでしまた」

と言いますと、山婆はひらたくなって《（てをついておじぎをして）》、

「あ、炉の神様でござェましたか」

と少しも不審《ふしん》に思いませんでした。こんどは、おま酒をわかしましたが、それもさば売りに天井から

すわれてしまいました。山婆はいよいよ諦《あきら》めて、

「晩《ばげ》ねなったハデ寝るじゃ」

とひとりごとをいってから、天井にむかって、

「炉の神様、今夜、石のからど《（はこ）》で寝ればよごすが《（か）》、木のからどで寝ればよごすが」

とききました。さば売りは天井から、

「今夜は、木のからどサ入って寝ろ」

と太い声でいうと、山婆は、木のからどへ歩いて行きました。しばらくするといびきがきこえてきました。さば売りは、その時まぎから降りて、木のからどに大きな石をおもしにかって、錐《きり》で穴《あな》をあけ、鍋《なべ》に湯をわかして、その熱湯を注ぎ込みました。山婆は、

「ギャッ」

と悲鳴《ひめい》をあげて、煮殺《にころ》されてしまいました。

はなし　弘前市田茂木町　斎藤タカ（七六）

山伏と狐

昔、諸国を荒行《あらぎょう》しながら廻っている一人の山伏《やまぶし》がありました。ある時、背中にほら貝をしょって、田舎道を歩いて来ました。すると、道端に狐が一匹かわいい顔をしてねぶりかけをしていました。この山伏はいたずらしたくて、その狐の耳にほら貝をあてて、

「ボボー、ボボー」

と一声吹き入れました。驚いた狐は飛び起きて、地面をけり、そのまま逃げていきました。

だんだん暗くなって来ました。山伏は、

「今日は、どこへ泊ろうか」

と考えながら歩いて来ますと、向うの方に一軒家があって燈《ともしび》が見えました。山伏はあかりをたどって行って、家を覗《のぞ》いて見ると、誰もいません。炉《ろ》には火がもえています。

山伏はひとりで家に入って、ヤレヤレと足を炉へのばして、たき火にあたっていました。しばらくすると、後の方の戸があいて、白髪《しらが》の恐ろしい顔の老婆が、おはぐろ鍋《なべ》を片手に入って来ました。そして、炉の火をひばしでかきわけながら、自在鍵《じざいかぎ》にその鍋をかけて、ニチャニチ

ャとおはぐろをつけ始めました。山伏の方に顔をつき出して、黒くなった歯をむき出し、

「山伏殿ァ、おはぐろ、ついだなあ」

と言いました。山伏は恐ろしくて、あとすざりをしました。すると、

「ボチャン」

と音がして野原の肥《こえ》だめに落ちてしまいました。狐をからかった山伏はこうして狐に仇《あだ》をうたれてしまいました。

はなし　弘前市　福井尚（六八）

小鳥物語

きつつきと雀

昔々、おしゃかさまが重い病気になられて、いよいよ臨終《りんじゅう》の時がせまってきました。お弟子さんたちはみんな手わけをして、生きものすべてに、「おしゃかさま大病」のしらせをまわしました。

このしらせは空を飛んでいる鳥の仲間にも伝えられました。きつつきも雀もこのしらせを受けました。雀はちょうどその時、口におはぐろを半分つけていました。しらせを受けるや、そのままの姿でかけつけました。きつつきはしらせを受けた時は、なにもしていませんでしたが、そのまま急いで出かけることはしないで、お化粧《けしょう》にかかりました。お口に紅をつけたり、髪を結《ゆ》ったり、そのために長い時間がかかってしまいました。こうして雀は臨終に間にあいましたが、きつつきは間にあいませんでした。おしゃかさまは、いよいよこの世を去られる時、雀ときつつきに言い残して、

「雀は大へん感心であったハデ、穀物《こくもつ》をたべて、暮らしていげセ。きつつきはいだらぐだハデ穀物をたべるな。一生、虫をたべてくらしせ《（くらしなさい）》」

と言われました。

今でも雀を見ると、口ばしに、黒くおはぐろのあとがみえます。きつつきは、口のまわりに紅のあとがきれいに残り、一生虫ばかりたべて暮らしています。

はなし　弘前市田茂木町　斎藤タカ（七六）

しぎと鳩

昔々、おしゃかさまがまだおたっしゃでおられた時のことです。鳥や獣までがその教をうけていました。

ある日、しぎと鳩が仲よく遊んでいると、草わらにお金がおちていました。それは一文銭《いちもんせん》が十二個でした。しぎがはじめ声をかけて、

「われ先ネみつけたんだハデ、みんな吾のもんだ」

とキュッキュッと鳴きました。鳩はそれをきいて、

「いやいや、そんでね《（そうでない）》。吾さぎネ《（先に）》みつけたんだハデ、吾のもんだ」

とポッポッポッと鳴いてゆずりません。二羽はあらそって、おしゃかさまにうったえを持っていきました。

おしゃかさまは、二羽の言うことを静かにきいておられましたが、さいごに、

「しぎ四文、鳩八文」

と、きっぱりとさばきをつけてくれました。そこで二羽は十二文のお金を四文と八文にわけました。

はなし　弘前市田茂木町　斎藤タカ（七六）

はと

昔々、この世界にひどいけがず（ききん）がおとずれました。虫けらも鳥も獣も人間も、たべるものがなくて、山や野原のたべるによいものはなんでもたべて命をつないでいました。

ここに鳩《はと》の親子がありました。今日もたべるものがなく、病気のおとうさんをかかえて空を飛んでいました。子鳩は一日中羽をすりへらして食物をさがしましたが、えさ一粒にもありつけません。とほうにくれて、ただあてどもなくさまよっていました。

夕方になったので、食べ物を待っている親鳩の所へ飛んで来ました。すると、ある家の軒下に、だれがこぼしたか、二、三粒の穀物《こくもつ》の粉《こな》が落ちているのが見えました。子鳩は、

「ああ、うれしい」

と思って、すばやく拾って我が家へ帰ってきました。ところがおとうさんは、せがれの帰るのを待ちきれず、食べ物がないので死んでいました。子鳩は大へん悲しんで、何べんも、

「てで《（父親）》、粉食《こけ》え。てで、こ、け」
と鳴き続けて、山から山へ飛んでいきました。それで、今でもこうして鳴いているのです。

はなし　弘前市田茂木町　斎藤タカ（七六）

さるとかに

昔、猿と蟹がありました。あるお天気のよい日、二人で、

「山さでも遊ぶね行ぐべしセ」

と言いました。ならんで歩いて行きました。蟹は下ばかり見て歩いていますので、その時でった《（大きな）》だ握り飯を拾いました。猿はそれを見て、欲をおこしました。

「蟹々、わねも《（わたしにも）》、半分食《か》せでけろじゃ《（たべさせてください）》」

と言いましたが、蟹は、

「うんにゃ。うんにゃ」

と言って、食べさせてくれません。猿は、

「なあ、一かじりでもえェね」

と言いましたが、食べさせないので、猿は、

「そせば、いらねじゃ。このほえど《（こじき）》」

と言って、おこって口をきかないまま歩き続けました。猿は蟹のすきを見て、蟹の握りめしを

ひったくって逃げ出しました。蟹は、

「このぬすびと、ちきしょう」

と言って追っかけました。二人は川を渡ったり、坂を登ったりしているうちに、猿は蟹に追いつかれるようになりました。困って急いで樹《き》へ登りました。蟹は、

「ンが《(おまえは)》、樹さ登るてナ、ずるい奴だ。にがさねじゃ」

と言って、後から猿の尻《しり》を大きな鋏《はさみ》ではさみました。猿は、

「痛《いで》じゃ。痛じゃ」

と言って、顔を真赤にして、それでも逃げて樹に登りました。

その時から、猿の顔は真赤になって、猿の尻にも毛が生えなくなり、反対に、今度は蟹の鋏《はさみ》に毛が生えるようになりました。

はなし　弘前市古堀新町　松野武男（五七）

蜘蛛《くも》の恩返し

昔、ある所に、一人のあん様がありました。ある時、夜中に町へ仕事にいって、家に帰って来ました。部屋へ入ろうとすると、天井《てんじょう》から一匹の蜘蛛がおりて来ます。夜、蜘蛛が家に入ってくるのはえんぎが悪いといわれているので、あん様は顔をくもらせました。あん様は、

「蜘蛛、蜘蛛、今晩なにし《（なぜ）》に、おりてきたのだば」

と言って、蜘蛛を火にくべようとしました。すると、蜘蛛が、

「どうか、あん様、助けでけ」

と声をかけました。あん様は気の毒に思って、

「そんだら、今度から出てくるな」

と言って放してやりました。蜘蛛は、はりのかげにかくれました。

　それから四、五日すぎました。ある晩、一人のきれいなあね様がたずねて来ました。出てみると、

「われ、暗ぐなって、行ぐどごなぐなったハデ泊めでけ。そしてお前さまの嬶《かがあ》ねしてケ」

と言います。あん様は貧乏ぐらしをしているので、たべ物もないからとことわりましたが、

「それでもよいハデ」

と言って、とうとうあん様の嫁さんになりました。

　次の日からこの嫁さんは、機《はた》を織ってかせいでくれました。その織物は大へんりっぱで近所の人もほしがります。このことがいつか殿様のお耳に入りました。ある時、殿様から、

「千反の織物を織ってお城へ納《おさ》めよ」

という難題がもちこまれました。あん様は心配して、嬶に相談をしました。すると嫁さんは、

「それはただ事でごえへんが、吾、千反織って続げるハデ」

と言ってから、

「それでも、私の機、織るどこ、見ねでケ」

と言いました。そうして、毎日三度のごはんは機小屋の入口の所に置いてもらうことにしました。次の日から織りにかかりました。幾日も機小屋から出てきません。あん様は毎日ごはんをとどけて帰っていました。ある時、約束を破ってこっそりのぞいて見ました。すると、恐ろしい大きい蜘蛛が、ごはんの入っているおはちの中に首を入れて、食べながら機に行って糸を出

し、織物をおっていました。あん様はびっくりして、

「あっ」

と叫びました。蜘蛛はふり向いて、

「とうとう、見られてしまった。なんぼ見るな見るなテしても、お前さんが見でしまたし《（見てしまったし）》」

とつぶやきながら、織った千反の反物を置いて、その家からいなくなってしまいました。嫁さんは、いつか助けた蜘蛛だったのです。

はなし　弘前市石川字大沢　桜庭もと（七七）

すえ風呂《ふろ》

昔々、すえ風呂を見たことがない頃のお話です。ある村の川がはんらんして、大洪水《だいこうずい》になりました。そしていろいろなものが流れてきました。ある日、見たこともない大きな桶《おけ》のようなものが流れつきました。みんながこの前に集まりました。だれ一人、名前も使い途《みち》もわかりません。困って、村一番の物識りの和尚《おしょう》さまに聞きにいきました。

「和尚さま、和尚さま、これ何という名ョで、何に使うんでごェす」

とききました。すると和尚さまは、

「これはナ、すえ風呂というもので、下に火をたいて人が入ると、とっても心地がよくなるもんだ」

と教えてくれました。村人一同は大へん喜んで、順番をさだめ、すえ風呂に入ることになりました。第一に村で一番の名主様《なぬしさま》がきめられました。名主様は、入ってしばらくして上ってきました。そして、

「しゃこくて《（つめたくて）》、だめであった」

と言いました。こうして、最後に身分のいやしい者が入ってあがってきました。その男は、

「これはこれは、よいあんばいでごェした」

と言いました。

はなし　弘前市小人町　棟方せつ（四三）

殿様とさかしい奥方

昔々、あるところに、一人の殿様がありました。本妻《ほんさい》とおめがけ様と暮らしていました。殿様はおめがけ様の家にばかりいて、一日のほとんどを暮らしているのでした。そして本妻は苦しめられていました。

ある時、おめがけ様から家来がきて、琴をかりたいと申してきましたので、本妻は何ごとも言わずにかしてやりました。次に三味線をかりによこしました。日頃大事にしていた三味線でしたが、苦《にが》い顔もせず、かしてあげました。

三度目に又つかいをよこしました。今度は菊の一鉢《ひとばち》をかりにきました。本妻は菊の鉢に一首和歌を詠《よ》んでつけて持たせてやりました。

「琴をかし、三味《しゃみ》をかし、ことに大事な殿《との》をかし、庭の白菊、何の惜《お》しかろ」

これを読んだおめがけ様は、大へん自分の浅はかな心を恥じて、心をいれかえ、殿様を本妻にかえしました。

はなし　弘前市小人町　棟方せつ（四三）

ちょうずの話

昔々、ある所に一人の殿様がありました。ある時、朝早く起きて、顔を洗うことになって、家来に、

「ちょうずを持て」

と言いつけました。ところがその時、殿づきの家来がいないので、ちょうずの意味がわかりません。困って、物識《ものし》りにききに走りました。物識りは、

「ちょうずか、ちょうずか」

と頭をかしげていましたが、その意味がわかりません。これは長頭《ちょうず》のことだろうと、家来にそのことを知らせました。

早速城中の家来たちが集められました。そして長頭《ながあたま》の者が探し出されました。一番長い頭の者が選び出されました。

「殿様、長頭を連れてまいりました」

と言いました。殿様は、

「さようか」

と言って、目の前の長頭を眺めました。殿様は次に、

「ちょうずをまわせ。」

「早くまわせ」

とおいいつけになりましたので、長頭はぐるぐる頭をまわしましたが、とうとう目をまわして、

「これより早くはまわりませんです」

と言いました。

　あとで聞くと、ちょうずというのは、顔を洗う洗面器《せんめんき》に水を汲んでさし上げればよいということがわかりました。

はなし　弘前市小人町　棟方せつ（四三）

あねさま

昔々、おどさまとおがさまが、米子《こめこ》という娘とすんでいました。米子の母は早く死んで、まま母が来ました。そして紅皿子《べにさらこ》をうみました。まま母は、きれいな米子をにくんで、いじめました。

ある日、米子が二階に寝ていると、まま母が紅皿子を呼んで、

「今日、米子を槍《やり》、ついで殺すハデだれさもしゃべすな《（いうな）》」

と言いました。それをきいて、紅皿子は米子に、

「今日、あねさ、二階さ、ねすな」

と言って、姉の寝床には大きな西瓜《すいか》を入れ、知らんふりしていました。まま母は槍で屋根からついたが、そ

の西瓜をさして、赤い汁が刃先《はさき》について来たので、まま母は米子の血だと思って、喜んでいました。

次の朝、御飯の時、

「米子ね紅皿子」

と呼ぶと、二人は元気でにこにこ仲よく起きてきましたので、まま母はびっくりしました。

こんどは、米子を山へお花見につれて行くといって、大きな桶《おけ》をつくり、そのなかにむりに入れて、山に捨てさせることになりました。それを知った紅皿子は、米子をこっそり呼んで、

「あねさごと、山さ捨てでくるど。このかぶの種コ持て行げへ」

と言って、桶の底に小さな穴をあけ、米子にかぶの種を持たせてやりました。

奴《やっこ》が桶をせおって、山奥へ歩いて行きました。米子は、ゆく道、ぽろぽろと穴から種をこぼして行きました。

やがて、奴は山奥について、大きな穴に桶をうめて帰りました。そのうちに一年たって、またうららかな春がめぐってきました。ある日、紅皿子はまま母に、

「今日、お天気いいハデ、私は山のお花見に行ってくる」

と言って、自分ではせっせとお重《じゅう》にたくさんの食べ物を用意して、米子を迎えに急ぎました。ちょうどかぶの花盛りで、山奥まできれいに花が道に咲き並んでいました。紅皿子は、かぶの花を道しるべに、だんだん進みました。桶をうずめている前に出た紅皿子は、

「あねさ、迎えに来た」

と呼んで見ると、土のなかからかすかに、

「オーイ」

と答えました。紅皿子は急いで、土もりをくずして桶をひき上げて、蓋《ふた》をとってみると、米子は細くやせて、まだ死なないで生きていました。二人は抱《だ》きあって、涙を流して喜びあいました。

それから二人で、持っていったごちそうをたべて、山の上でひなたぼっこしながら休んでいると、山の下の街道を殿様の行列がおとおりになりました。そして、山の上の二人を眺めて、お供《とも》に連れてこさせました。その殿様の行列のなかに、米子の父親がいたので、大へん驚き、二人を馬に乗せて城下につき、二人を親類にあずけて、自分一人だけ家に帰ったら、まま母は、きれいにお化粧《けしょう》して迎えにでました。父親は、

「米子と紅皿子はどこさ行《え》った」

と聞くと、

「二人はうばのところさ遊びに行げした」

と答えたので、

「そうが」

と言って、そのまま家に入ってしまいました。

次の日、娘二人をつれてこさせ、まま母にあわせ、家来を呼んで、まま母に縄をかけ、奴に、

「うす持って来い」

と言いつけ、まま母をはだかにしてきねで搗《つ》いてしまいました。その時、ピンピンと下に落ちたのが蚤になり、ジョロジョロとあるいたものが虱《しらみ》になりました。こうして、まま母は殺されてしまいました。

はなし　弘前市田茂木町　斎藤タカ（七六）

ばかむすこの手紙

昔々、ある村に、一人のばかむすこがありました。長者の家に生れて、何も不自由がありませんが、頭が少したりません。長者は、何とか息子の頭をなおしたいと、上方《かみがた》にでかけさせることにしました。息子は、父母に別れて、一人で旅立ちました。ずっと歩いていくと、ある村にさしかかりました。途中で、村人が川で魚を捕《とら》えて、わいわいさわいでいます。一人の男が魚の頭を示して、

「これは魚頭《ぎょとう》というもんですよ」

と言いました。息子は、

「ハハア、頭のことを魚頭とゆんだな」

と覚えました。又ずっと歩いて行きますと、段々往来《おうらい》がはげしくなって、江戸へ行ったり帰ってきたりする人々が絶えません。息子は、向うから来た人に、

「あなたは、どちらから来たんでスバ《（きたのですか）》」

と問いました。するとその人は、

「あなたは上洛《じょうらく》、私は下洛《げらく》です」

と答えましたので、息子は、

「ハハア、こちらから行くのを上洛というのか、向うからもどるのを下洛とゆんだな」

と思いました。又進むと、旅人が、道端の石に腰をかけて休んでいました。旅人は息子に、

「あなたも大石《たいせき》に腰をかけて休まねが」《(やすみませんか)》

と言いました。息子は、

「ハハア、石のことを大石《たいせき》というのか」

と覚えました。それから、宿場について、いよいよ宿屋に泊りました。宿屋では、息子に朱塗《しゅぬり》の椀《わん》、朱膳《しゅぜん》、朱塗のお箸《はし》で、御飯をたべさせました。

やがて上方の旅も終って、村に帰って来ました。秋の頃で、息子の父親が、柿の木にのぼって柿の実をとっていました。すると、木の枝がポキンと折れて、ドシンと地面に落ち、石に頭を打ちつけ、血を流してしまいました。息子は、これは大へんだと、さっそく、

「ただ今、父親が柿の木に上洛仕《つかまつ》り、中頃より下洛し、大石に魚頭を打ちつけ、朱椀、朱膳《しゅぜん》、朱塗箸《しゅぬりばし》に相成候《あいなりそうろう》」

と書いた手紙をもたせて、医者にやりました。医者はそれを読んで見ましたが、何がなにやらわからず、急いで来て見ますと、おやじが柿の木から落ちて、頭を石に打ちつけ、血を流していました。

はなし　弘前市田茂木町　神いそ（八八）

つのぼの話

昔、子どものない夫婦がありました。二人はさびしいので、ある日、神様に、

「子どもさんずげでけ」

と願をかけました。ちょうど満願の日に、おがさまがおやしろから帰って来ると、途中《とちゅう》まち角《かど》のところで、一人子どもが捨てられていました。おがさまはふびんだと思って、拾って帰りました。大へんかわいい男の子でした。それから大事にして育てていましたが、頭のまん中につのが一本生えているので、近所の子どもたちが、

「つのぼ、つのぼ」

と呼びました。だんだん大きくなるにつれ、りこうで、お手伝をしたりして、家の人から感心されていました。困ったことに、外に遊びにでれば、近所の子どもをかじってきます。

「おめだじ《(おまえたち)》のつのぼ、われの手、かずれした」

と抗議《こうぎ》を申しこまれ、家ではほとほと困っていました。ある時、おどさまがつのぼを呼んで、

「おめ、どうして、ほがの人の手だの、耳だの、鼻だの、かじるんですば」

とききただしました。つのぼは、

「われ、なんぼ《(どんなに)》かじらネきなても《(きになっても)》、人ごとみれば、かじらさるの」

と答えましたので、両親は相談して、

「なんぼ言いづけでも、かじるんだば、家さおがれね《(おかれない)》ハデ、山さ捨てでくるべし」

と言って、たくさんごちそうを持って山へ連れていき、石のからどへ入れて、捨ててきました。

　それから一年たちました。あるお天気のよい日、両親は、

「つのぼ、どうしてらべな《(どうしているだろうな)》」

と考えたので、二人で山奥へつのぼを迎えに行きました。石のからどへたどりついて、持っていったごちそうをたべさせようと、

「つのぼ、つのぼ」

と呼んで見ましたが、返事がありません。鍵をはずして戸をあけて見ると、つのぼの姿がなくて、大判《おおばん》小判《こばん》が山のように入っていました。二人はびっくりして、それを持って、

「つのぼのおくりものだ」

と言って帰りました。それから二人は幸福に世を送りました。

はなし　弘前市田茂木町　斎藤タカ（七六）

蛤《はまぐり》姫コ

昔、親孝行な男の子どもがありました。孫ばあさんと二人でくらしていました。貧乏で、山へ薪を拾いにいったり、海へ魚をとりにいったりして、家の手助けをしていました。

ある日、舟にのって沖へ魚を釣りに行きました。その日は、朝から魚が一匹も釣れません。だんだん暗くなってきたので、帰ろうとしますと、竿に何だかかかったものがあります。上げて見ると、小さな蛤です。子どもは、

「蛤、蛤、おめェごと釣ったが、これでは私一人のおかずにもならねェから、助けでやらね」

と海へ放してやりました。又竿をたれると、再び小さな蛤がかかりましたので、舟の上にあげておきました。もう一ぺん糸をたれて、これで帰ろうと思っていると、舟のへさきの方で、クックックッという音がします。ふりむくと、いつの間に大きくなったのか、蛤がでった《（大きく）》になっていました。子どもはびっくりして、

「これ貝コ、そったら《（そんなに）》ネ大きくなるなよ」

と言いました。すると、その蛤がこんどは、きれいな女になりました。そして、

「これ子ども、私は観音様《かんのんさま》の使いの蛤姫コです。私をお前の家につれでいってけ（ください）」

と言います。子どもは困りましたが、孫ばあさんの待っている家に連れて帰りました。

子どもの家は急ににぎやかになりました。次の日から蛤姫コは、トンカラリとはたを織り始めました。その布には、きれいな観音様の模様がついていました。近所の人々は不思議に思っていました。毎日一反ずつ売れて、子どもの家にはお金がたまっていきました。

蛤姫コは、それを資本《もとで》にして、男の子に商売をはじめさせました。

「親孝行な子どもの家の商売だ」

とみんなが買いにきましたので、大はんじょうしました。蛤姫コは、これで安心だと、孫ばあさんと子どもに別れを告げて、五色《ごしき》の雲にのって帰って行きました。

はなし　弘前市銅屋町　山田豊太郎（七〇）

隣の寝坊《ねぼう》

昔々、ある長者の一人娘が、花むこを探していました。何人もなりたいという人がありましたが、ちょうどよいむこ様がありません。困っていました。ところがその長者の隣に、なまけ者で寝坊という名の人がありました。貧乏ですが、毎日何時までも寝て、ちっとも働きません。誰も相手にする者もありませんでした。しかし、本人は大望《たいもう》を持っていました。なんとかして、末は隣の長者の娘のむこに入り、その財産《ざいさん》で大きな仕事をしようと考えているのでした。それで、いつも近所の子どもが手習《てなら》いから持って帰る草紙を一枚一枚もらっては、たくさんためていました。

ある日、たくさん集めた草紙で鎧《よろい》や兜《かぶと》を作り、野原から葦《あし》を取ってきて、その茎《くき》をわって、兜の前額《ぜんがく》にはりつけ、それを身にまとって、武者に化けて、長者の家にしのびこみ、庭の松の木の上に登りました。それは夜中のことで、家の人はみんな寝しずまっていました。それから、突然木の上から、

「亭主《ていしゅ》」

と言って、恐ろしく太い声を出して呼びました。主人は驚いて、出てみました。そして縁がわの雨戸をあけて松の木の上を見上げると、春のおぼろ月夜に照らされて、黒い鎧や兜に身を固めた武者が、木の上から見下ろしています。そのかっこうがとても神々《こうごう》しく見えましたので、主人は、てっきりこれは神様だと思いました。

「これ、亭主。」

「へい」

と主人は縁側に手をつきました。

「吾《われ》はこの村を守る鎮守《ちんじゅ》の神様だ。娘のむこは隣の寝坊にしろ」

と言いました。主人は、

「へい」

といってから、

「畏《かしこ》まりました。必ず神様の仰《おおせ》にしたがって、隣の寝坊をむこにします」

と申しますと、

「よろしい、引きとれ」

と声がかかり、主人はおそるおそる縁側の障子を閉《し》めました。寝坊はすぐに木からおりて、帰っていきました。

次の日、長者は困ったことになったものだと、みんなに相談しましたが、神様の仰《おお》せであれば仕方がないので、とうとう隣の寝坊をむこにしました。

むこ様になった寝坊は、次の日からすっかり心を改めて、一生けんめい働いたので、その家はますます栄えていきました。

はなし　弘前市　福井尚（五六）

和尚《おしょう》さまと小坊《こぼ》コ

昔々、あるお寺に、和尚さまと、納所《なしょ》さまと、小坊コと三人がいました。この和尚さまは餅が大すきで、よそからもらっても小坊コにはたべさせてくれません。小坊コはたべたくてたまりません。

ある時、お寺で餅をもらったので、小坊コは、

「和尚さま、わさも《(わたしにも)》、餅コかせねべが」

と聞きました。和尚さまは、

「そんだら、上手ネ和歌《うた》つくった者ネ、かへるハデ」

と言いました。そこで、みんなが和歌をよむことになりました。ちょうどその時、お寺に薪割《まきわ》りのおやじが来ました。おやじも和歌よみに加わりました。一番先は小坊コからと言われましたが、あとずさりをしてなかなかはじめません。納所《なしょ》さまから始めました。

「朝々ネ、雨戸にさわる梅の枝、切りたぐもあり、切りたぐもなし」

とよみました。次はおやじがよみました。

「今、割てら木の根っこ、割りたぐもあり、割りたぐもなし」

とよんだので、和尚さまは、納所《なしょ》も、おやじも、なかなか和歌がうまいなとほめました。最後は小坊ｺの番になったので、又後ずさりしていましたが、和尚の顔をしげしげと眺めて、

「すわん和尚の坊主頭《ぼうずあたま》、割りたぐもあり、割りたぐもなし」

とよみましたので、和尚さまは真赤になって怒り、

「こら、この小坊」

と今焼いていた餅を、どんどん小坊ｺめがけてぶっつけましたので、小坊ｺはその餅をみんな集めて、逃げ帰り、納所《なしょ》さまと、薪割りのおやじと三人でわけてたべました。

はなし　弘前市和徳字俵元　平沢やえ（八〇）

よくばりなおばあさん

昔々、ある所に、おじいさんとおばあさんが住んでいました。ある日、おじいさんが山へ柴《しば》を刈りに行きました。すると、やたらに咽喉《のど》がかわいてきましたので、どこかに水がないかと思って探していると、向うの方から、

「ヒョコタン、ヒョコタン。ヒョ、ヒョ、ヒョコタン」

という音が聞えてきました。おじいさんは、

「はて、不思議だナ」

と思って、音のする方へ行って見ました。すると、岩と岩の間を通ってきている〝かけひ〟から水が流れていましたので、一口飲んで見ると、それは水ではなくお酒でした。おじいさんはお酒好きでしたので、大へん喜んで、たくさん汲んで家に持ち帰りました。

おじいさんは、おばあさんにこのお話を知らせて、お酒を飲ませてみました。おばあさんはよくのふかい人でしたので、この話をきいて、次の日、むりに行くことになりました。おじいさんから聞いたとおり、山奥へ行くと、〝かけひ〟の音がきこえてきました。手です

くって飲んでみると、やっぱりお酒でしたので、よくにかかって、持っていった火ばしを焼いてそのせまいかけひの穴に通しましたら、

「トピン」

と音がして、それっきり、お酒が出なくなってしまいました。

はなし　弘前市和徳字俵元　平沢やえ（八〇）

石川地方

狐の恩返し

昔、昔、ある所に一人の長者がありました。年の瀬になりましたので、背中によこだら（藁であんだ四角ないれもの）をせおって、町買いに出かけました。ちょうど大清水《おおしみず》から大沢《おおさわ》へ行く一本道を歩いて来ますと、向うから大きな狐が一匹息をはずませて走って来ます。

そして、

「もし、もし、旦那様《だんなさま》、私は大沢に住んでいるサンコじ狐ですが、たった今、犬をつれた、マタギ《（かりうど）》にねらわれて、やっと命を拾って逃げて来ました。どうか助けでけ《（ください）》」

と言いました。長者はふびんに思って、自分のよこだらに入れて、再びそれをせおって歩いて行きました。

すると向うからうろうろしながらマタギがやって来て、

「旦那様《だんなさま》、今この街道ゴト、狐、逃げて来ませんが、さきた、（さっき）鉄砲コでねらったが、一寸した
ひょうしに逃がしてしまえしたじゃ」

と言いました。つれてきた犬も鼻をくんくんさせて、長者のまわりをまわります。長者は、

「逃げて、来へんじゃ」

ときっぱり答えました。こうして狐を助けてやりました。


その後、サンコは大沢の野原で遊んでいましたが、ある日ぐれ方、森の中でたくさんのガンド（山賊）が悪い相談をしている所を聞きつけました。

「今晩、長者の家をおそえ」

とかしらが部下に言いつけていました。サンコは、暗い道を走って長者の家にかけこみました。木戸口《きどぐち》のくぐり戸をたたくと、中から長者が出てきました。

「私は、この前お前様ネ助けられだサンコです。今晩山賊《がんど》があなたの家をおそうと話していたので急いで知らせに来した」

と言いました。


長者は、狐にお礼を言いました。先ず第一に村の役人に来てもらって倉の中に入れ、錠《じょう》をおろして……といろいろ準備をして山賊《がんど》のくるのを待っていました。夜の丑《うし》の刻《こく》になって、山賊どもがぞろぞろと、長者の家にやって来ました。先頭の者が、長者の入口の戸を、

「とんとん」

とたたくと、中からねむい目をこすりながら役人が起きてきました。山賊は、出て来た役人の手首をぎゅっと引っぱって外へ出し、

「さあ、どうだ、命がほしいか、それともお金が」

とおどかしました。すると役人は、ぶるぶるふるえるようなまねをして、

「私は、この家《え》の下男ですじゃ、今、主人ごと起こしてくるはで」

としずめてから、全部の山賊を一人残らず、倉の中に案内して入れ、それから錠をかけました。倉の中にはその前に、ちゃんと大判小判を俵につめて、金俵が何十俵も積んで用意してありました。

「これが、みんな金俵《かねだわら》でさネ、ゆっくり明日の朝までかかって、かついでいってけ《(いってください)》」

と言いました。するとみんなは、我先にと、かつぎにかかりましたが、一俵の重いこと、やっと一人でかつがれる程です。よたよた倒れそうになります。役人はこれを見て、おかしくなりましたが、がまんしました。十幾人が息ぐるしくなってきて、額《ひたい》から汗が流れでます。

「わあ、ぬぐぐ《(あたたかく)》なってきたじゃ。一ぷく、息つがねばならネ」

と言い出しました。そしてどれもこれも、倉の小窓から顔を出します。その時、長者の家にやとわれている腕《うで》ききの侍《さむらい》が窓の外にいて、刀でかわるがわる首を出すやつを切ったからたまりません。とうとう十幾人残らず、みな殺しにあってしまいました。

はなし　弘前市石川町字大沢　桜庭もと（七七）

狐とかわうそ

昔、大沢の川に一匹のかわうそが住んでいました。冬のかんかんしばれる寒い日に、川に出かけて行って、毎日たくさんの魚を取ってくるのでした。それを橋の上から狐が見ていました。

ある日、狐がかわうそに、

「かわうそ、かわうそ、お前どうして、あれほど、魚コ取るの上手だの、吾《われ》さも知らせへ」

と頼みました。するとかわうそが、

「うん、知らせすが、よくしばれる寒い晩ネ川さこおりコはるハデ、自分の尾っぱゴト水に入れで待ってればえごさね《（ようございます）》」

と教えました。

次の晩、狐はかわうその来ないうちに、早くも川にやって来て始めました。それはそれは寒いしばれる日でした。狐は自慢の長い尾を川水にだらりと入れてみました。そして時々あげてみました。すると重いように感ぜられます。狐はこれあよいあんばいだ、魚がつれたのかも知れないぞ、もう少し、と又さげます。そのうちに川の水がこおりついて、いよいよきつく下か

らひっぱります。これあ大きいぞと狐はがんばります。そのうちに尾っぽが抜けなくなってしまいました。狐は、

「尾っぽ、しみだじゃ《（こおってしまった）》、グヮゲー」

と鳴いて、動けなくなった尾を見て悲しんでいました。そこへかわうそがやってきて、その様子を見て大へん笑いました。

「よいあんばいだ。日頃人をだましたりするハデばちがあたったんだ」

とからかいました。狐はおこって、再び尾に力を入れました。そして、

「尾っぽ、しみだじゃ、グヮゲー」

と鳴いた時、あんまり、りきんだため、自慢の長い尾が、ぶっつり切れてしまいました。

はなし　弘前市石川町字大沢　桜庭もと（七七）

そっとく

昔、ある所にたくさんの子供があって、とても貧乏なくらしをしているおじいさんとおばあさんがありました。あすはお正月だというのにお餅をつくお金もないので、自分で山から松を切って来て、それを橇《そり》につけて、売りに出ました。大きな声で、

「松、よごすが。松、いれへんが」

とふれて歩きましたが、その日は誰も買ってくれません。困って歩いてくると、そのうちに日がくれてきました。おじいさんは仕方なく、戻《もど》って来ました。

大きな構《かまえ》の家がありました。おじいさんは、もう一度、

「松、よごすが、松、いれへんが」

と叫んで見ました。すると長者の門がギーとあいて、主人が出て来ました。

「門松《かどまつ》、売ってけ」

と言って、その松を大へんほめ、橇《そり》につけている門松を全部買ってくれました。お金をはらう時、そこの主人が、

「お前さまは、お金ほしが《（ほしいですか）》、それとも、そっとく、ほしが」

とへんなことを聞きました。おじいさんは返事に迷《まよ》いました。

「お金がほしいです」

と口まで出ましたが、待てよと考えなおしました。その時、長者の塀《へい》からぬっと出ている松の木に烏《からす》が一羽とまって、

「じさま、じさま、金よりそっとくもらえ、ガオラ、ガオラ」

と鳴きましたので、おじいさんは、

「銭《ぜに》コより、そっとく、ほしごし《（ほしいです）》」

と返事をしました。主人は、

「そっとく、そっとく」

と呼びますと、子供が一人出て来ました。

「これが、そっとくでさネ」

と言われたので、見ると、頭にはでもの《（はれもの）》が一ぱいでて白くかぶけているきたない顔の子供でした。おじいさんは仕方なく、連れて自分の家に帰って来ました。

おばあさんが迎えに出て見ると、うすぎたない子供を一人つれています。おばあさんは、

「家では、これ程、わらし《（子供）》があって貧乏してるのネ、又一人連れできてー」

とおこりました。おじいさんは、

「それでも、育てて見るじゃ《（みますよ）》」

と家におきました。おばあさんは毎日いじめます。そっとくは泣いて、おじいさんから離《はな》れません。晩にはそっとくを自分の床に入れてねかせました。すると夜中に、

「じさま、じさま、吾《われ》、小便《しょうべん》でげる」

と申します。おじいさんは、ふびんだと思ってつれていきますと、しばらくして、

「じさま、じさま、吾、ばば《（うんこ）》、でげる」

とまた起します。仕方なく、つれていきます。帰ってくると、間もなく、

「じさま、吾、小便でげる。吾、ばばでげる」

と言いますので、つれていって用をたさせていましたが、おしまいに、

「じさま、ばば、でげる」

といった時、

「そだら、一人で行って、用たしてこなが《（こないか）》」

と言うと、そっとくは一人で用をたして、戻《もど》ってきた様子です。あまり早いので、

「どごサ行って用たしてきたんだバ」

と半身起き上って見ると、そっとくは炉《ろ》のすみの灰に用をたして帰ったらしい。おじいさんは、

あきれて、

「そっとく、そした所《そんな》で、用たすもんだナ《ものですか》」

と叱りつけました。それでも、おじいさんは、明日早く起きて、おばあさんに見つけられないうちに、片づけてやろうと思っていました。

朝になりました。おじいさんが昨晩のあと片づけをしようと炉のすみに近づきますと、炉の隅《すみ》の灰の上に大判小判が一ぱい積んであります。それからすぐそっとくを探《さが》しましたが、姿が見えません。おばあさんを呼んで、

「ばさま、こごさ来て見なが《みないか》」

と言いますと、おばあさんは飛び起きてきました。たくさんの黄金を見て二人はびっくりしました。お庭にでて見ると、りっぱな倉が幾つも朝日にかがやいて建っています。それからおじいさんはおばあさんを家に入れ、一人で倉を順々にあけて見ました。いろいろな宝がはいっていましたが、そっとくがいません。十番目の倉をあけて見ると、そっとくがただ一人入っていました。

それから五、六日たったある日、おじいさんが家を留守にしました。家をでる時、おばあさんに鍵を渡して、倉を見物してもいいが、十番目の倉だけはあけて見てはならないと固く言ってでかけました。

おばあさんは留守中に倉を見物しました。倉の中には、いろいろな宝ものが一ぱい入っていました。おばあさんは固く禁ぜられていた十番目の倉を見たくなってあけて見ますと、そこは

金倉で金俵が一ぱい積まれて、その頂上に、そっとくが身《からだ》から御光《ごこう》をさして坐っていました。

おばあさんはびっくりして、

「そっとく、お前、こごェえだのが」

と叫びました。そっとくは、ちらっと一目見て、おばあさんだということがわかると、すぐその倉から逃げだしてしまいました。おばあさんは、

「そっとく、そっとく」

ときちがいのように叫びました。そして倉の前に佇《たた》ずんでぼんやり眺めていましたが、その時には眼の前の倉も、りっぱな構《かまえ》の家も、かき消すように消え失《う》せて、もとの小さな小屋ばかりになってしまいました。

はなし　弘前市石川町字大沢　桜庭もと（七七）

竜神様のお嫁《よめ》さん

昔々のことです。その年はどうしたわけか、毎日々々のひでり続きで雨がちっとも降りません。そのために水が不足で、お百姓さんは、田に稲を植えたままで草とりもできず困っていました。神様やお寺に祈願《きがん》をかけましたが、何の効《き》めもありません。

この村に徳兵衛という庄屋がありました。きれいな年頃の娘が一人あって、何不自由なく暮らしていました。村では雨乞《あまご》いの祈禱《きとう》を今日も続けていましたが、雨が一こうに降りません。困って庄屋様は、自分から先にたって村の竜神様に願をかけました。

「竜神様、どうか雨を降らせて下さい。もし雨を降らせてければ、私の娘を一人捧げるはで」と拝《おが》みました。すると急に天が曇って、雷がゴロゴロとなり出し、待ちに待った雨が降って来ました。

村人たちは大へん喜んで田の草を取り、おかげで稲もりっぱにたちなおりました。秋にはお米もたくさんとれて、村人に、元気が出ました。しかし庄屋様の心は暗く沈んでいきました。竜神様との約束は自分の妻にも娘にもかくしておきました。秋の収穫をみたので、村は一息つきました。

　ある日、庄屋様の家の前を、

「扇《おうぎ》のうちわコ、要《い》れへんが」

と歩きながらふれて来た一人の若者がありました。そして庄屋の家の前をうろうろ行ったり来たりしていましたが、とうとう家に入って来ました。

「私は、上方《かみがた》がら来た扇をあきないする者でごすが、今日はこの村であきないじまいになっしまへしたじゃ。泊《とま》るどこなくなったハデ、ひとつ泊めてけへじゃ」

と申しました。庄屋様は、その困った様子に同情して、泊めることになりました。この若者は、

「明日ネなれば、出立するハデ」

と言っていましたが、次の日になっても出て行くふうがありません。次の日その次の日も、出立を延ばしていましたが、そのうちに娘としたしくなりました。ある時娘が、

「むご様ネほしごし（ほしいです）」

と言いだしたので、庄屋は一人娘の願いをきき入れて、とうとうこの家のおむこさんにしました。日をきめて祝言《しゅうげん》を行うことになりました。

　祝言の晩になって、お祝の式がおごそかにあげられました。むこ様とお嫁さんは、お祝言のお膳の席にならびました。その時です。この若者は、ざぶとんをけって、つと立ち上りました。そうして、

「とうとう、今日がやって来た。わしは竜神様だ。いつかお前のおやじが、おれに願をかけた

約束のとおり、わしはこの娘をもらって行く」
と言ったかと思うと、振袖姿《ふりそですがた》の娘をこわきに抱《かか》え、忽《たちま》ち蛇の体になり、雲を呼び雨を降らせ、たつまきを起して、そのすさまじい中を、天に昇っていってしまいました。

はなし　弘前市石川町字大沢　桜庭もと（七七）

子育て狐

昔々、ある所に一人の若者がおばあさんと住んでいました。今日は町に用事があるので出かけて行きました。そうして夕方帰ってくる途中、道端に女が二人立って、立ち話していました。若者は不審《ふしん》に思って、

「お前だちは、どうして、ここに立って話コしているんですバ」

と声をかけました。すると年とった方が、

「私は、知りあいの家ゴト探しているのです」

と言います。若者は気の毒に思って、

「それでは、私の家で休んでけ」

と言うと、それではと、年とった女が若い女を一人おいて、又家探しに出かけました。

　若者は娘を一人つれて、家に戻《もど》って来ました。おばあさんは帰りを待ちわびていましたが、若者が娘を一人あずかってきたと聞いて喜んで迎えました。この娘は気立もやさしく、大へん働くので、おばあさんのお気に入りになりました。そうしてこの若者のお嫁さんになりました。

それから二人でたのしく暮らしていました。

　ある年の秋、ふとした病気がもとで、おばあさんは、ぽっくり死んでしまいました。二人にはその後、子どもが三人生れました。ある時、若者は家を留守にして、晩におそく、家に戻って来ました。すると木戸口に大きな子供が立っています。若者は、

「おがあ、なにしてら」

と尋ねますと、

「今、赤子《あかご》さ、乳、飲まへでら」

と言いましたので、若者はこっそり家に入って見ました。すると小さい子供をだいて、乳を飲ませている母親の姿が目にうつりました。ところが、頭と身《からだ》半分が人の形で、その下が獣のかっこうをした大きな狐で、太い尾をさげて、後脚《うしろあし》を出していましたので、若者は、

「あっ」

と声を出してしまいました。母親はその声に、ハッと我にかえりました。そして若者に、

「私のゆだんから、あられもない姿を見られて、申しわけごえへん。人の姿になりたくて、あなたの所にお嫁に来した。もう人間として一生を送れません。どうか私の子供を育てでけ」

と言ってから、

「コン、コン」

と何度も鳴いて、山の方へ行ってしまいました。

はなし　弘前市石川町字大沢　桜庭もと（七七）

とけたシガマ《（つらら）》コ

「こんな吹雪ネ雪女来るんでセ。」

「雪女じもの一本足駄で、訪ねで来るじォン。途中で赤子コ抱いでけろてすじォン《（くれろといぅ）》。」

「ああ、おこね《（こわい）》じゃ、おこねじゃ。」

むかし、津軽の里のある村に、じいさまとばあさまが子供が一人もなく、淋《さび》しく暮らしていました。ある冬、雪の、のんのんと降る晩です。時々、吹雪がゴッと聞えてきます。

「ごめんけへ《（ごめんなさい）》、ごめんけへ」

と木戸口《きどぐち》のくぐり戸をたたく声が聞えました。じいさまが出て見ると、一人の美しい娘でした。

「私は、太郎兵衛どごの娘でごす。この吹雪ネ街道《かいどう》、めなぐし《（みうしない）》、行ぐ先、わがらなぐなってしまえした。どうが一晩、泊めでけ《（とめてください）》」

と言います。じいさまは気の毒に思って、

「こったら《（こうした）》、家でもえェんだら、泊れへ」

と泊めてあげました。次の日も次の日も、家に戻《もど》るふうがありません。気立もやさしいし、よく働くので、この家の娘になってもらいました。

ある日じいさまの家では、お風呂《ふろ》をわかして、みんなでお湯に入ることになりました。お湯がわいたので、娘にお湯に入るようにすすめました。娘は、

「お湯は、きらえです」

とことわっていましたが、じいさまとばあさまは、

「入れせ、入れせ」

とむりに入れました。そして娘のあがってくるのを待っていました。しかし、待っても待っても、あがってきません。二人は心配になって、

「あねこ《(むすめ)》、お湯があがってこなが《(あがってきなさい)》」

とむかえに行って見ましたが、その姿が見えません。お風呂のお湯の中には、あぶくがなんぼもあがって、娘の毎日さしていた櫛《くし》が一つ浮んでいました。

はなし　弘前市石川町字大沢　桜庭もと（七七）

感心感心、馬のクソ三つ

昔々、ある所にお金持ちのじいさまがありました。じいさまには三人の男の子供がありました。一番の兄は気立がやさしく、二男と三男は、じいさまに似て大へん欲深《よくふか》でした。じいさまはこんなに年をとったから、自分の死んだ後、誰にあとを継がせたらよいかと、いつか三人の心をためしたいと思っていました。

ある時、じいさまが三人を呼んで、

「お前だち、この世の中で、何一番、ほしいば《（ほしいのか）》」

とききました。そこで兄が、

「私は、欲がないから、馬の糞《くそ》、三つけでけ《（ください）》」

と言いました、じいさまは面白くない顔をしました。次に二男に聞きました。

「私は、日本国中を皿《さら》ネして、その上さ、大判小判一ぱいほしごし」

と言いました。じいさまはほほえんで、

「そだ《（そうだ）》、そだ、感心感心」

とほめました。今度は三男に聞きました。

「私は、海を水口《みなぐち》（田へ水を入れる口）ネして、日本国中をたんぼネしたごし《したい》」

と答えました。じいさまは、ますます得意になって、

「これも感心感心」

とほめました。次にじいさまは、再び長男に向きなおって、

「さきた《さっき》のお前の答は、だめであった。弟だちの答コをお前はどう考えるバ」

とおこってききました。

「馬の糞《くそ》、三つけでけとは、なんだ、親ごと馬鹿ネしてえるよな、答でねナ」

と大へん叱りました。それをきいた長男は、

「まずまず、日本国中ゴト皿ネしてその上さ、黄金一ぱいと言ったが、考えて見でけ《みてくれ》、誰がその大金を使うんですバ、そう答えだ人サ、私は馬の糞、一つあげたい、海を水口ネして日本国中を田んぼネしたいと言ったが、誰がその広い田を耕すんですバ、その答ゴトした人ネ馬の糞一つ。又その話に感心感心テほめだ人に馬の糞一つ、これで私の願った馬の糞は三つなぐなれし《なくなります》」

と言いました。そこで、じいさまははじめてその欲ばりな考に気がつき、やっぱり兄は兄だけあるとほめました。

はなし　弘前市石川町字大沢　桜庭もと（七七）

穴掘り長兵衛

昔々、ある村にじさまとばさまが住んでいました。ある時二人で大根の種を蒔《ま》きました。それが秋になると、どこのよりよく出来ました。今日は大根掘りの日です。二人は畑に出かけて大根畑を見てまわりますと、そのうちに一本、今まで見たこともないような巨《で》っただ大根がありました。二人はその大根を力を合わせて抜きにかかりましたが、いくら引っぱっても抜けません。そこで、穴掘りを商売《しょうばい》にしている長兵衛さんに頼みました。

長兵衛さんは早速次の日から大根を掘りにかかりましたが、七日かかっても掘り終ることが出来ず、やっと根元まで掘り下げました。それはそれは、長い大根

でした。長兵衛さんは穴の底から大声をはりあげて、

「おーい。じさま、ばさま、今度大根ゴトば、ひっぱってけろじゃ《（ください）》」

と叫びました。じさまとばさまは、家から出ていって、ウンバラショ、ウンバラショと、かけ声をかけて引っぱりました。すると長兵衛さんは、大根のしっぽにつかまって、だんだん畑の上の方にのぼって来ました。もう少しで畑の上に出るところで、運悪く、大根のしっぽが、ポキンと、折れてしまいました。長兵衛さんは、しっぽをぎりっとにぎったまま、真さかさまに穴の中に落ちていってしまいました。そして穴の中を通り抜け、極楽《ごくらく》を通り越え、その底の地《じ》獄《ごく》まで落ちて行ってしまいました。地獄では、その時、とりこみの最中でした。へんな男が上から降って来たので、鬼どもは大さわぎです。それでエンマ大王様に知らせました。エンマ大王様は、長兵衛さんを一目見て、

「いったい、お前はなぜここまで来たのだ」

と聞きました。長兵衛さんは、これまでのことを話しました。するとエンマ大王様は、

「ここは、地獄という所じゃ。お前だちの来る所ではない。早く地上へ帰れ」

と言われました。長兵衛さんは早く地上に帰りたいのですが、帰る方法が分りません。そこでエンマ大王様は、小さい玉を三粒《つぶ》取り出して、

「この玉をお前にやる。一粒飲めば極楽に、次に一粒飲めば穴の中まで、もう一粒を飲めば地上に行ける。必ず一粒ずつ、飲め」

と言って玉をくれました。長兵衛さんは、玉をもらいましたが、すぐにも自分の家に帰りたく

て、よくばって、三粒を一度に飲んでしまいました。すると長兵衛さんの身体が急に軽くなって、空気の上に浮いて、どんどん昇って行きました。そして極楽も地上も通りこし、やがて、ドシンと、どこかに突きあたりました。そこは雲の上でした。雷が妙《みょう》な男が来たなと目をみはりました。天の上では、丁度雷の太鼓《たいこ》がかりが一人不足して困っていたので、さっそく長兵衛さんが太鼓がかりに使われました。長兵衛さんは太鼓がかりを二、三日やっていましたが、自分の家に帰ることばかり考えていました。ある日、雷は長兵衛さんに太鼓のならし方を教えてくれました。大へん面白い音がします。

まず雷がやって見せました。トントコン、トントコン、ゴロゴロ。長兵衛さんはそれをまねました。それからおへそからピカッピカッと稲光《いなびか》りを出してみせました。長兵衛さんはあまりの面白さに、太鼓のたたき方も忘れて、手あたり次第に叩《たた》いたからたまりません。太鼓の皮が、パッと破れて、下界に大雨が降り出しました。雷は大へん怒って、長兵衛さんを喰い殺そうと追って来ました。長兵衛さんは、恐ろしくて、どんどん逃げ出しました。今にもつかまりそうになったとたんに、雲の切れ目に足をすべらせて、あっという間に、雲の上から、まっさかさまに、どしんと地上に落ちました。

がさっと音がして、自分の着物のえりが楢《なら》の木の枝にひっかかりました。やっと気がついて、あたりを見まわすと、そこが岩木山の麓《ふもと》だということが分りました。又強い風が吹いてきて、長兵衛さんは、ぶらんぶらんとゆれました。大声で叫んで救《すくい》を求めましたが、誰にも聞えません。そのうちに、又大風が吹いて来て、長兵衛さんは風に飛ばされて、どこかへ飛んでドカンと落ちました。そこが弘前《ひろさき》の富田《とみた》（とびた）という所でした。

はなし　弘前市石川町大字大沢　桜庭もと（七七）

からたち姫コ

昔々のことであります。ある村に、じさまとばさまが住んでいました。二人には子どもがなく、毎日淋《さび》しく暮らしていました。二人は子どものかわりに、裏の畑に一本のからたちを植えて、大事に育てていました。春になれば白いきれいな花をつけ、秋には小さいかわいい実がいくつもなりました。みかんのような丸い黄色い実でした。二人は、毎日からたちの実を眺めて暮らしていました。

ある日のことです。

「お前だちのからたちの実コ、売ってけへんが」

と町の人がやって来ました。じさまは、

「今まで大事ネ育ててきたんだハデ《（きたのだから）》売りたぐないが、

銭《ぜに》コもほしいな」

と思いましたが、とうとう売ることになりました。裏の畑のからたちをもぎ取って、籠《かご》に入れようとするとそのうちの一つが、

「じさま、じさま、一寸待ぢでけろじゃ（まってくださいい）」

と言いました。それは特に黄色な丸いからたちでした。そしてちゃっくり二つにわれて、中から小さい女童《おなごわらじ》が顔を出しました。じさまはばさまを呼んで見せました。じさまは指先でつまんで出し、名前もからたち姫コとつけて、大事に育てました。

からたち姫コはだんだん大きくなって、きれいな娘になり、まるで竜宮様《りゅうぐうさま》の乙姫様《おとひめさま》のようになりました。声もうぐいすのようです。ただ不思議なことは身体にバラのようなとげが生えているのでした。

ある時、じさまとばさまが、用事で出かけました。からたち姫コは、だれも遊びに来ないので、一人で裏に出て見ました。その時、空にタカが一羽飛んでいて、降りて来て、からたち姫コをさらっていってしまいました。夕方になって、じさまとばさまが帰って来て見ると、からたち姫コの姿が見えません。

「からたち姫コ」

と大声で呼んで見ましたが、返事がありません。二人は泣いていました。

次の日、二人はわらじをはいて、竹の杖《つえ》をついて探しに出かけました。唐から天竺《てんじく》まで探しましたが見つかりません。二人は船にのって戻《もど》って来ました。しまいに金比羅様《こんぴらさま》に願をかけま

した。ちょうど満願の日、お告げがあって、

「からたち姫コは、タカにさらわれて見えなくなったが、今、ミカンの神様の所に置いてある」

と教えてくれました。そこで二人はミカンの神様をたずねて行って見ました。からたち姫コは無事でした。じさまとばさまを見ると、とんできて泣きました。別れて帰る時、ミカンの神様は、

「今まで、私の娘を、かわいがって育ててくれて有難う」

とお礼をのべました。そしてじさまの畑のからたちの木になる実を、全部、大判小判にしてくれました。それから二人は一生安楽に送りました。

はなし　弘前市石川町大字大沢　桜庭もと（七七）

津軽のほら吹き

むかし、津軽に大へんなほら吹きがありました。その名前は遠く秋田、南部、江戸、京、大阪までもきこえました。

ある時、秋田で一番のほら吹きと、南部で一番のほら吹きが相談して、津軽のほら吹きの所にやって来ました。

「おれたちは、秋田と南部から来た者でごす《（ございます）》」

と言うと、出てきた十二、三歳の子どもが、これあ、ほらくらべに来たんだな、と悟《さと》りました。

「せまぐるしい所だけんども、上ってけ」

と言ってから、二人を家に入れました。

「あんこ《（こども）》、おめェのおど《（おとうさん）》、どごさ行《え》った」

とききました。

「あえ《（はい）》、家《え》のおど、今朝《けさ》、岩木山ころぶどごだて、行燈《あんどん》の芯《しん》、三本持っておさえに行げした」

と子供は答えました。二人は、

「そだら《（そんなら）》、おが《（おかあさん）》、どごさ行《え》った」

と聞くと、子供は、

「あえ、家《え》のおが、毎日の日照《ひで》りで、雨降らねえので、田、割れるがしらと、今朝、千人役《やく》（約百町歩）の田サ、水かげネ行げした」

と答えました。二人のほら吹きはびっくりしてしまいました。

「そだら、お前《め》のあね《(あねさん)》、どこさ行《え》った」

と聞きました。

「あねが《(か)》、あねだば《(なら)》、さきた《(さっき)》、天じゅぐ《(天)》、裂《さ》げるて、急いで針ど糸ごと持って、縫うネ行げした」

と言ったので、二人はたまげてしまいました。今度は負けてはおられないと、こちらから難題で困らせにかかりました。

「これこれ、あんこ、ゆうべの大風で、奈良の大仏様のつり鐘《がね》、とばされで、行方《ゆくえ》、わがらなぐなったと大騒《おおさわぎ》だが、こっちの方サ飛んで来《こ》ねが」

とききました。子供は、

「うん、その鐘ですな、ゆうべ、おれの家《え》の軒下の蜘蛛《くも》の巣サひっかがって、ガンガン、音たででらの」

と答えましたので、二人のほら吹きは、すっかり驚き、子どもでもこれぐらいだから、津軽一番のほら吹きならどんなであろうかと、ほうほうのていで逃げ帰りました。

はなし　弘前市石川町大字大沢　桜庭もと（七七）

鬼神から授った娘

昔々、ある所に老夫婦《ろうふうふ》がありました。子どもがないので淋《さび》しく暮らしていました。ある時、村のお宮に、

「どうか、鬼神様、子ども一人授けで下さい」

とお願いしました。満願の日、神様が現われて、

「信心《しんじん》によって子どもを一人授けてやるが、十三年たったら、こちらに戻《もど》せー」

とお告げがありました。じさまとばさまはどうしたものかと相談しました。結局、神様には十三歳になれば必ず戻すと約束して、女の子どもを一人授かりました。子どもは、蝶《ちょう》よ花よとかわいがられ、すくすくと育ちました。そのうちに年月がたって十三歳の年を迎えることになりました。

ある日、じさまは、ばさまに、

「今年は家の娘も十三ネなるじゃ。娘を鬼神様サ戻さねばならね」

と娘の顔を眺めて、三人でおいおい泣いていました。それから半の刻《こく》もたった頃です。鬼神様のお使いだという鬼がやって来て、無理に娘を連れて行くと言いました。じさまとばさまは仕方なく、娘と別れなければならなくなりました。じさまは娘を呼んで、

「これをお前にくれてやる。これは、ついでもついでも無くならない徳利だハデ《（だから）》」

と言って娘に与えました。娘は鬼に連れられて鬼の首《かしら》の所に来ました。家来の鬼が、娘をつれて出ると、

「うん、よくつれてきた。酒もりをはじめるから、娘にしゃくをさせろ」

と言いつけました。大勢の鬼どもが帰ってきました。かしらは、

「これ、娘、い、しゃばの土産《みやげ》、何、持って来たば」

と聞きますと、

「これ持って来した」

と一本の徳利をさし出しました。

「うん、酒の入った徳利か、やかんにつげ」

と命じました。娘は、トクトクとお酒を注ぎましたが、いくらついでもお酒はなくなりません。

鬼どもは、

「今日は、よい酒コあるし、魚コもよいし」

と歌ったり、おどったりして、酔《よ》いつぶれて、そこにごろごろころがり、眠ってしまいました。娘はこっそり逃げ出しました。山の中を走り続け、日暮れ方、やっと一軒の家にたどりつきました。

「今夜一晩、宿かしてけ」

と頼むと、家の中から白髪《しらが》のばさまが出てきて、

「若え娘コだナ、あ、ここあ鬼の家《え》コだじゃア、今晩は二人ネわがらねよ《（わからないように）》ネ泊めでやらア、それがら、豆三升、煎《い》って持だせるハデ、鬼ね見つけられだら〝なんの目打つ、鬼の目打つ〟て投げろ」

と言って泊めてくれました。

真夜中になって、急に外がさわがしくなり、荒々しい足音がして兄弟の鬼が帰って来ました。戸をがらりとあけて、

「わえ、人くせじゃ」

とうごめきました。そして座敷の方へ行って、

「ばさま、人くせな、誰が人ごとかぐして、泊めでらべ」

と聞きました。そして探《さが》しまわりました。娘は、こっそり裏口から逃げ出しました。鬼はそれを見つけて、

「娘コ待でー」

と追って来ました。追いつかれそうになったので娘は、

「なんの目打つ、鬼の目打つ」

と言って豆をばらまきました。そして、鬼が豆を拾ってたべている間に、逃げのがれました。

夜があけ、村の一軒の家をたずねました。中を覗《のぞ》くと、ばさまが一人いました。娘は、

「ばさま、どこかで私ゴトやどってくれネがしら《（くれないかしら）》」

と頼みますと、ばさまは、しばらく考えてから、

「うん、そだナ、この村の長者様で、飯たぎ《（ごはんたき）》一人、ほして《（ほしい）》あったハデ聞いでくら」

と言って出て行きました。間もなく帰って来て、

「使ってくれるどよ。そのかっこうだば、若者ネいだずらされるハデ、このぼろ着物ど、これかぶって行げへ」

と言って、すぐばさまの古着を着せ、ばさまのお面をかぶせてくれました。

「こうして行げば、大丈夫だ、そして声色《こわいろ》も、ばさまのよんた《（ような）》声出せばえーしナ」

と教えてくれました。娘は長者様の家で働くことになりました。そこには何十人もの男女が雇われていましたが、娘の姿を見て、

「きたねェばばだ」

と誰一人側へ寄りつきません。娘は物置小屋に寝せられ、まわりを笹の葉でかこっていました。

娘は一日中よく働いて、夜になると行燈《あんどん》をともし、砂箱に字を書きながら勉強していました。

娘は、ある晩、仕事も終ったのでお湯に入り、しはらくぶりで、ぼろ着物をぬぎ、お面をはずして一人で勉強していました。

その晩のことです。長者様の若旦那様《わかだんなさま》が、夜中に、はばかりに出かけました。そうして、ふと物置小屋にあかりがついているのを見て、

「あの小屋には、ばさまが住んでいるのに」

と不思議に思って近づいて、笹のかこいのうすい所から覗《のぞ》いて見ると、中にいたのは、きれいな顔の娘が一人、一心に砂箱に字を書いて勉強していました。若旦那は、

「あっ」

と大声をあげて、そこに倒れてしまいました。それから若旦那は、原因のわからない病気にとりつかれてしまいました。お医者も祈禱師《きとうし》も薬も何の効《き》きめもありません。御飯もろくに食べなくなり、長者様夫婦はもとより、奉公人一同も心配していました。

ある日、奉公人の一人が長者様に、

「近頃近所の村に上方《かみがた》から有名な占者《うらないしゃ》が来ている」

と知らせてくれたので、さっそく占《うらな》ってもらいました。占者は、

「この病気は、家中の者がみんな、若旦那にお給仕《きゅうじ》して、御飯をあげて見れば、全治《なお》る」

と言ったので、その日から家中残らずの人が順々に、お膳を持って行ってお給仕しましたが、若旦那の病気は少しもなおりません。ところが、飯たきのばさまが一人、ぬけていることに気がつきました。奉公人のかしらは反対しましたが、長者様はそれをきき入れず、きたないばさまに給仕させました。

するど、若旦那は喜んでその御飯を食べましたので、長者様をはじめ一同はびっくりしまし

た。そうして数日たちますと、すっかり病気がなおり、元気になりました。長者様は、
「お前は、家《え》の息子の命の恩人でごす《(ございます)》」
とばさまにお礼をいいました。若旦那が、ばさまのお面に手をかけて、ひっぱりますと、きれいな娘の顔があらわれました。ぼろ着物もぬがせると、若い娘の姿にかわりましたので、一同は二度びっくりしました。その後、この娘は若旦那のお嫁《よめ》さんになりました。

それから七年たちました。じさまとばさまは、娘を鬼にかえしてから、めっきり老《ふ》けました。今日は娘の七回忌だというので、和尚《おしょう》さまを呼んで、御法事《ごほうじ》をしていますと、家の外にひずめの音がしました。りっぱな馬に乗ってきれいな着物を着た娘が、若旦那にたずなをひかせて、しゃんしゃんと入って来ました。じさまとばさまは喜んで迎え入れました。

はなし　弘前市石川町大字大沢　桜庭もと（七七）

年寄捨山《としよりすてやま》

昔々、大へん無理をいう意地悪《いじわる》な殿様がありました。そして年とった老人の顔を見るのもだいきらいだというので、

「男でも女でも、満六十歳になったら、山へ捨てること」

という、おふれを出しました。又、

「捨てなければ、その方も、同じ罪に取り扱って、ろうやに入れる」

と命令を出しました。こうして必ず六十になれば親を山へ捨てさせました。

ここに一人の百姓がありました。自分の母親も六十になったので山へ捨ててこなければなりません。百姓は母親をおぶって山へ行きました。途中歩きながら、

「小さい時から育ててくれた親を、山へ捨てに行けない」

と考えて、どうしても足が進みません。殿様から叱られてもよいと思い、母親をせおったまま、自分の家に戻《もど》り、縁《えん》の下に大きな穴を掘って、そこにかくして住まわせました。それからは三度三度の食事は勿論、できる限りの世話をしました。数年が経《た》ちました。

ある時、隣国の殿様から使者がやって来て、こちらの殿様に戦《いくさ》がしかけられました。難題を出して、それが解けない時は攻めほろぼすというのです。第一の問いは、「一本の丸太木《まるたぎ》の先と根元をあてろ」というのでした。国中の人が考えましたが、わかりません。殿様は、

「この問いを解いてくれ」

と御ふれを出しました。

百姓が町でこの話をきき、家に帰って母親に知らせました。

「それは、わけはないよ。川に流して見れば、わかるよ、根元の方が重いハデ、先に流れる方は先だよ」

と教えてくれました。さっそく殿様にその旨を申し上げました。隣国へも返事をすると大へん感心されました。第二の問題は、「焼いた藁《わら》で縄《なわ》をなって持ってこい」というのです。また百姓が呼び出されました。家に帰って母親にきくと、

「それは藁に塩をたくさんつけて、縄をなってそれゴト火で焼いて、そのまま持って行けばよい」

と教えてくれました。殿様がらそのとおり隣国へ返事をしますと、使者もびっくりしてしまいました。第三の問題が持ち出されました。今度は「二匹の牡馬《おすうま》の親子の見わけをつけろ」とい

う難題です。国をあげて困りました。その馬は背のかっこうといい、顔の鼻白《はなじろ》の所といい、毛なみなどそっくりです。四方から〝ばくろう〟が集められましたが、誰一人知りません。殿様は、今度もあの知恵者《ちえしゃ》の百姓に頼もうと考えました。百姓は殿様に呼ばれて馬を見ましたが、とんと見当《けんとう》がつきません。二日間の猶予《ゆうよ》を願って、すぐ家に戻り、母親に相談しました。母親は、しばらく考えてから、

「これも、わけないよ。馬二匹いる所へ、草を持っていってやるがよい。先に食べた方が子馬だから」

と教えてくれました。二日後殿様の前に、二匹の馬が引き出されました。百姓が草を持っていって食べさせると、右の方の馬が先に草を食べましたので、左の方の馬が親馬だという見分けがつきました。

隣国に答をおくりますと、みんなびっくりして、それきり攻めてこなくなりました。殿様は百姓を呼んで、

「お前のおかげで、国は救われた。ごほうびとしてお前の望みのものを何んでも取らせる」

と言われました。百姓は、

「私には、何も望みはございません。ただこれから後、六十歳になっても、年寄りを山へ捨てさせないように、又山へ捨てられた年寄りは、すぐに呼び戻してくれるように」

と言いました。そして、

「私が三回も難題を解いたのも、実を言うと、母親のおかげであれした。私の母は今年六十五

歳になれしたが山へ捨てられず、殿様のおふれをやぶって家にかくまっておげした。年寄りの物識《ものし》りがこの国からなくなれば、隣国の問いに答えられなかったのです」

と涙を流して申しのべましたので、殿様も百姓の親孝行に感心して、それからは、再びおふれを出して年寄りを山から呼び寄せ、山へ捨てる習《ならわし》を止めさせました。この津軽にも、捨年寄《すてとそり》という言葉が残っていますが、昔はこのような風習が行われていたのかも知れません。

はなし　弘前市大字大沢　桜庭もと（七七）

鬼娘

昔々、ある所に大へん貧乏な家がありました。そこにじさまとばさまが、一人の孫娘と住んでいました。この娘はまる顔で、眼玉が大きく、口もでったで《（大きく）》、身体がお角力《すもう》さんのようで、二人前も三人前もよくかせぎました。たれもこの娘のことをねえさんと呼ばずに、みんな鬼娘と言っていました。しかし、心のやさしい娘で、少しも怒ることもなく、いつもニコニコしていました。

この娘は春の田植え、秋の稲刈りと、暑い夏にも秋の薪拾いにも精出して働き、それを売ってじさまとばさまを養っていました。ある晩のことです。娘が眠っていると、枕もとに神様が現れて、

「お前は心のやさしい感心な娘だ、それで山奥にお前をつれてゆく。松と杉と檜《ひのき》が三本並んで立っている所に清水がわいているから、その水で顔を洗え」

と言ったかと思うと消えてしまいました。

次の日、娘はその山へ行って見ました。すると果して、松、杉、檜が三本並んだ山がありま

した。娘はその清水に向って柏手《かしわで》をうって拝《おが》み、そして顔を三度洗いました。そして清水に顔をうつしてみました。すると、髪はうるしのように真黒で、顔はきれいになっていました。娘は喜んで、急いで家へ戻《もど》って、じさまとばさまに知らせました。このうわさが村々にきこえました。それからはだれも鬼娘という人はなくなりました。

その後、殿様の奥方になって、しあわせに暮らしました。

はなし　弘前市石川町字大沢　桜庭もと（七七）

観音さま

昔、ある村に、一軒貧乏な家があって、そこにめくらのおどさまと、病気のおがさまが、一人の男の子と住んでいました。この村から少しはなれた所に、沼がありました。大へん不思議な沼で、晩になると、ピカッピカッとひかりものが出るというので、村人は、晩は一人も用をたしに出かけません。

ある晩、子どもが町に急用ができて、出かけて沼の前を通りました。沼の岸まで来た時、暗い中からピカッピカッとひかるものがあります。子どもがびっくりして止まりますと、沼の中から、

「これ待ぢでけろ《（まってください）》、手、ひっぱってけろ」

と声がします。きみがわるいが、子どもはこわごわ岸までいって見ると、

「これこれ、手ひっぱってけろ《（ください）》」

と言います。子どもは、それで手をさしのべました。すると、手にひっついてきたものがあります。ピカリと光って、そして、

「やれやれ、おかげであった。おまえの家《え》さおぼって、つれでいってけろ」

と言いますので、仕方なくおぶって帰りました。家では、おどさまとおがさまが、心配して待っていました。子どもは、

「沼がらひかりもの拾ってきた」

と知らせますと、両親が出てきました。おがさまが寝床からはってきて、さわってみました。するとおどさまの目がパッと開いて、目が見えるようになり、おがさまの病気もなおってしまいました。二人は両手を合わせてひかりものを拝みました。


この話は、村から村へと伝わりました。あるお寺の和尚さんが訪ねて来ました。子どもからくわしくわけをきいてから、そのひかりものを見せてもらったら、長く探しておった観音様でした。観音様が沼におちて、あがりたくて、叫んでいたのでした。

はなし　弘前市石川町字大沢　桜庭もと（七七）

豊田・岩木地方

巨人物語《おおひと》

昔々、赤倉山《あかくら》に巨人が住んでいるといううわさがありましたが、谷が深くて、誰も行って見たものがありません。

中郡岩木村幡副《はだふく》に小山重《おさじゅう》という鍛冶屋がありました。ある日、早く仕事を終って寝ていますと、真夜中にドンドンとくぐり戸をたたくものがあります。弟子《でし》が出て見ると、

「赤倉がら鉄の棒を注文ネあがれした。八日までネでがしてけ」

と言うのです。親方にききに行くと、これはただごとでないと思ったがことわりかねて、

「引受けます」

と返事をさせて、使を帰しました。

そして次の日から、注文の鉄の棒をつくり始めました。長さが一間、重さが六十貫という鉄の棒を鍛えるのですから大へんです。それでも、弟子と七日がかりで作り上げました。

約束の八日の日には朝早く弟子三人にせおわせて、赤倉沢のお堂まで持たせてやりました。

三人は山奥に入って行くと、茂みの中にお堂があったので、そこに坐って待っていました。し

かし日暮れになっても受取人が来ません。あたりが真暗になった頃、やっとノソリと一人の男が現れました。

「お前《め》だち、よく届けでくれだナ、重くてあたべ。今甘《うま》ェもの食《か》へら」

と言って茂みに入りました。やがて又その男が姿を現わして、火をおこし、串《くし》にさして何か焼いていました。背がおそろしく高く、顔にもすねにも、ひげがばらばら生えているようでした。男は三人に魚をたべさせました。三人はその後しばらく眠っていました。

　夜中に一人が眼をさますと、自分の側にチャリンと音がきこえました。朝になって気がつくと、鉄の棒がなくなって、その場所にたくさんの鳥目《ちょうもく》（昔のお金）がありました。三人がお堂の方を見ると、山の茂みがふみつけられて、ふみつけ道ができ、お堂のなげしには、二尺もある大わらじがぶらんぶらんとさがっていました。三人はびっくりして顔を見合わせました。三人は鳥目には目もくれず、山道を走るようにして幡副《はだふく》に帰りました。

　鍛冶屋では帰りを待っていました。親方は三人に、色々尋ねましたが何も答えません。ただ、

「あの鉄の棒は、たしかに大男ネわだして来た」

と言います。村の人々も、

「あれは、赤倉の巨人《おおひと》が注文した、鉄の棒でねべが《（ないでしょうか）》」

とうわさしました。

はなし　中郡岩木村幡副　小山内慎三（四三）

鯉の恩返し

むかし、大へん正直で、よくかせぐ若者がありました。どんなに働いても貧乏で、二十七になってもお嫁《よめ》さんをもらわないで、一人で暮らしていました。

ある秋の日です。たんぼの道をひとりで帰って来ますと、向うに子供たちが五、六人集まってわいわいさわいでいました。近寄って見ると、小川で一匹の緋鯉《ひごい》をつかまえたというので、さかんにいじめていました。

若者は、かわいそうに思って、

「これこれ、わらわど《（こどもら）》、鯉ご《（を）》といじめネデ川さ放してやれじゃ《（あげなさい）》」

と言いました。子供たちは、

「せっかく、川から捕《と》ったもんだハデだめだ」

と言います。若者は、

「そんだら《（そんなら）》、お金あげるハデわれさ売ってけろじゃ」

と頼みますと、

「ううん、そだら、おめェ様さ、売ってやらあ」

と言って、鯉を売ってくれました。若者は、よいことをしたと、その鯉を手にして、

「鯉、鯉、なァ、お前《め》ごど、助けでやるハデ、今度がら、大きな河サ泳いで行って、わらわど《（こどもら）》サつかまるなョ」

と言って放してやりました。

その晩のことです。秋のことでこがらしが吹いていました。若者がひとりいると、

「ごめん下さい」

と呼ぶ声がします。こんなにおそく誰だろうと思って出て見ますと、ついぞ見たこともない美しい女の人が立っていました。そして、

「晩、暗ぐなったハデ、家サ帰れなぐなれした。今夜、一晩泊めでけ《（とめてください）》」

と申します。貧乏で泊めるようなことはできないと何度もことわりましたが、帰るふうがありません。若者は気の毒に思って、仕方なく泊めることにしました。こうして二人はその家で暮らすようになり、女は若者のお嫁さんになりました。

お嫁さんは毎日毎日朝早く起きてはよく働きます。お料理が上手で御飯《ごはん》もお汁《つゆ》もとてもおいしいのです。ある時、若者はお嫁さんに尋ねました。

「どうして、毎日これほどうめェ《（おいしい）》お料理ができるか、われさも知らせてけろじゃ《（ください）》」

するると、お嫁さんは、

「いいえ、まだまだ未熟《みじゅく》でうまく《（おいしく）》でぎねェのです。もっともっとうめェお料理、つくりますから、決《けっ》してわたしの料理しているどこ《（ところ）》、見ねでけ《（みないでください）》」

と申します。若者はそのことが気にかかっていました。

ある日、台所でお料理をつくっているお嫁さんの仕事振りを、こっそり覗《のぞ》いて見ました。すると何も知らないお嫁さんは、

「パチャ、パチャ」

とやってお鍋《なべ》の中で胸びれ、腹びれ、尾びれを動かして泳ぎながら、お米をといでいました。よくよく見ると、それは一匹の緋鯉《ひごい》でした。そのままだまって若者は自分の部屋に戻《もど》ってきました。

その晩、おそくなって、お嫁さんは若者の前に坐って、

「今日まで、ながなが、お世話になったが、今夜かぎり、おいどまするハデ」

と言って、お礼をいって家から出ていってしまいました。それはいつか、助けてもらった緋鯉だったのです。

はなし　弘前市豊田　小堀一郎（三七）

河童《かっぱ》を負かしたメコ鷹

　昔々、おひとよしのあんさまがありました。ある時、家の人から用をたのまれて、町へ買物に行きました。あんさまは、品物の名まえを忘れないようにと、途々《みち》、口で何べんもとなえて行きました。すると向うから、

「あんさま、あんさま、鷹、買えへんな」

と言う者があります。見ると巨《で》っただ鷹でした。しかしよく見ると、その鷹はメコ鷹《（片目のたか）》でした。鷹売りはメコ鷹を安い値段にまけて、あんさまに売りつけました。あんさまは大いばりで、買物を忘れて家に帰ってきました。

　家の人は、見ると、頼んだ品物は何一つ買ってこないので、大へんおこり、

「お前のような者だバ用がないから、鷹を持ってどこさ《（どこへなり）》だり行ってしまえ」

と言いました。あんさまは仕方なく、メコ鷹を肩にして歩いていました。川岸を歩いてくると、日が暮れかかってきました。その時、とつぜんメコ鷹があばれ出しました。片目でにらんでいます。前方を見ると、暗がりの中に、頭のまん中にさらがある河童《かっぱ》が、髪をふりみだして、水

の上に顔を出しています。メコ鷹はパッと飛びだして、河童におどりかかりました。

ここにメコ鷹と河童のたたかいがはじまりましたが、なかなか勝負がつきません。あんさまは川岸から、

「メコ鷹、がんばれ、水の底《そこ》までも、火の底までも逃がすな」

と声をかけました。こうしているうちに、とうとう河童は負けそうになりました。河童は、

「ちょっと待ってけ」

と言ってから、

「私の大事な宝物をあげますから」

と申しました。メコ鷹は許してやって、河童から宝物をもらいました。それからあんさまとメコ鷹は、ながくしあわせに世を送りました。

はなし　南郡黒石　野呂善造（四五）

鰺ヶ澤地方

さんこ狐

むかし、鯵《あじ》ヶ沢《さわ》にさんこという悪狐が住んでいました。ある日、高沢寺《こうたくじ》の長老《ちょうろう》伝次郎が法事に招《よ》ばれて、日暮れ方、一人で帰ってきました。源平萢《げんぺいやじ》にさしかかった時、藪《やぶ》から女が一人出てきました。よくよく見ると幼《おさな》友だちの駒越《こまごし》のお千代さんでした。伝次郎は、ひょっとするとこれは狐かも知れないと思い、

「お前は、女に化けたと思っているらしいが、後から尾《お》っぽが見えてるぞ」

と言うと、女はびっくりして、

「どうして、それがわかるの」

とき返しました。伝次郎は、

「私のかぶっている帽子は宝物で、これをかぶれば姿が見

つけられないのでセ」

と言いました。狐のお千代は帽子がほしくなって、伝次郎に貸してくれと頼んで、とうとう狐の宝物である宝生《ほうしょう》の玉と取り換えました。伝次郎は別れる時、十四日に返すと約束し、

「私がお寺へ帰ってお経《きょう》をあげるから、それまで、かぶらないように」

と注意を与えました。

宝生の玉を手に入れた伝次郎は、寺へ帰って来ました。途中で玉を出して目にあてて見ますと、うわさにきいていた遠眼鏡《とおめがね》のようによく見えます。次の朝、さんこは高長《たかなが》の魚屋へ行って、帽子をかぶって店に入り、幼鰤《ふくらげ》をたべていました。ところが、主人に見つけられてしまい、天《てん》秤棒《びんぼう》でなぐられて、山へ逃げて来ました。さんこは、伝次郎にだまされたことを知りました。そして、狐仲間で宝生の玉を取りかえす相談をしました。

その時、湯船小屋敷《ゆぶねこやしき》の狐が、

「伝次郎は二歳の時両親に別れ、駒越《こまごし》の太兵衛婆《たへえば》さまに育てられ、十三歳の時高沢寺《こうたくじ》にあげられたのだから、婆さまに化けて行けばェ」

と言いました。さんこ狐は、婆さまに化けて高沢寺を訪れました。伝次郎は、その時庭掃除をしていましたが、婆さまの姿を見ると奥座敷に通しました。婆さまは、

「伝や、お前は玉を手に入れたそうだが、私に見せねが、冥土《めいど》の土産《みやげ》に一目見てェじゃ」

と頼みましたが、伝次郎はその手にはのりません。しまいに婆様は怒って帰りかけました。伝次郎は、かわいそうになって、桐の箱に入れた玉を持って来て見せますと、婆さまは手に取る

や、耳が二つピンと立って口が耳まで裂けた狐の姿になり、

「これこそ、我が宝生の玉だ」

と叫んで逃げました。伝次郎はその日から病気になって寝てしまいました。お寺の和尚《おしょう》さんがいろいろ尋ねますと、伝次郎は、

「和尚さま、私に旗二本、世話方《せわがた》を三十人、裃《かみしも》三十人分、駕籠《かご》一挺《いっちょう》、こしらえでけ」

と頼んでつくってもらいました。伝次郎はその旗に「スギノミヤ、キサコ大明神」と書いて、狐の神様になりすまし、行列をつくって出かけました。上野《うわの》の草原で遊んでいたさんこは、自分の名を呼ぶものがあるので行って見ると、狐の神様でした。さんこは、玉をとられたからそのけがれを清めるために、神様に三十日預けなければならなくなりました。さんこは玉を差出しました。こうして伝次郎は再び玉を手に入れました。三十日が過ぎてさんこは約束の日に狐の神様を訪ねますと、

「そんな玉は預ったおぼえはない」

とさんざん叱られました。さんこは、又とりかえす方法を考えました。今度は津軽の若殿様に化けて、高沢寺に行くことになりました。先ず殿様のお使が寺に遣《つか》わされました。

「あさって、若殿様が種里《たねさと》へお墓参りに行くから途中高沢寺に寄る。その時のお茶の役目を伝次郎に言いつける」

というのでした。伝次郎はこれをきいて、狐のしかえしだな、と思いました。そこで、舞戸《まいど》へ行って犬を何匹も集め、お寺の縁《えん》の下にかくしておきました。

若殿様のお出での日、伝次郎はお寺から出て、村の小高い岡に上って見ていると、殿様の行列が近づいて来ました。伝次郎は玉を目にあてて見ると、狐どもは炭俵の駕籠《かご》をかつぎ、蕗《ふき》の葉の笠《かさ》をかぶり、とりこしばの刀をさしているのでした。伝次郎は藪《やぶ》から一本の藤の実をとって懐《ふところ》に入れ、寺に戻《もど》りました。若殿様の一行《いっこう》が寺について、座敷に通されました。伝次郎はお茶を持って出ていき、若殿に近づくや、

「そら」

と片手でつき出しましたので、大へんです。侍《さむらい》どもが、

「無礼者」

と斬《き》りかかりそうになりました。その時伝次郎は、藤の実で若殿の頭をなぐりつけ、縁側《えんがわ》に行って合図をすると、犬の群が飛びこんできました。狐と犬は大乱闘になりました。狐どもは、

「グヮギャー、グヮギャー」

と叫んで、ひどい目にあって逃げ出しました。これからは人を化かしたり、悪戯《いたずら》をしなくなりました。

これきりで《（これで）》、とっちばれ《（おしまい）》。

青森県西津軽郡鰺ヶ沢郷土読本による

津軽こども風土記

――わらべ唄とわらべ言葉――

上見れば　虫コ
下見れば　綿コ

鉛色の空からひっきりなしに降ってくる雪。無数の虫のようにも見えるし、積った雪は綿のようでもあります。

松コおどれば、ゆずり葉もおどる。

お正月です。松とゆずり葉が子供の遊びにつかわれます。松とゆずり葉を畳の上に立てて、すもうを取らせたりして遊ぶのです。

風、うわうわよ、強い風、たのむ、弱い風たのまネ

子供は風の子、元気です。外で凧をあげます。強い風がほしいな。

あがべ　てこさま
凧あげだ
しらネで《（しらないで）》　おけたケヤ《（ころんだら）》

凧　にげた
とうさん　かあさん
とってくれ
梯子がないから
取られません

凧をあげながら、凧をにがした子供をこうしてからかいます。

ダブリ　ダブリ
くっつかねバ
蛇　からメ

ダブリはとんぼ。とんぼの目玉を、くるくる指でまわしながら近づき、とんぼは、少年に捕《とら》えられます。

螢　来い
山道　来い
行燈《あんど》の光コ
一寸見で来い

夏のほたるがり。ほたるを呼ぶのに、この地方ではこんなふうに言います。あんどは〝あんどん〟という意味です。

とんび　とんび
舞　まわれ
男《おどこ》だバ
袴《はかま》　買って着せるシ
女《おなご》だバ
綴《つづれ》　買って着せるシ
とんび　とんび
舞　まわれ

青空を、のどかに輪をえがきながら飛ぶとんびに、おかあさんはこう叫ぶのです。

でんでんころばし
ごろんごろん
ひかだ　はげだジャ
ごろん　ごろん

山からころがってくるような元気が、男にはほしいのです。家にひっこんで、炉《ろ》の火にばかりあたっていれば、ひかいが脛《すね》について弱虫になりますよ。

つのだえし
つのだえし
つのコ　出せじゃ
つのだえし

つのだえしは〝かたつむり〟の地方語。小さい角はまことにかわいらしい。雨上りの木の葉の上にかたつむりがいて、それに呼びかけます。

おっつけらコ
へらコ
へらもって
おっつけろ

東北の冬は寒い。こんな時、子どもらはこう叫んで、友だちみんなで体をおしつけあってあたたまります。

こびき屋の
ごし　ごし
こびき屋の

ごし　ごし

子どもらは、まねが好きです。こびき屋さんが鋸《のこ》で木をきるように、くびにひもを一本輪にかけ、ごしごしとまわしながら遊びます。

はだやの婆さま
皮膚《はだ》よぐしてヶ
ごし　ごし

外はかんかん寒気でこおりついています。子どもらは道路を下駄やごむ長靴で、すべらせます。道路はつるつるになります。

皮膚《はだ》よし　とよし
つるめん　とよし
天のあねさま
皮膚《はだ》よぐしてヶ

手がこごえるようです。子どもたちは、二つの手を交互《こうご》に摩擦《まさつ》して、こすりながら、この唄《うた》をうたいます。

ののさま

なんぼ
十三ネ七つ
おばさ《(おばあさん)》ネだがさて《(だっこされて)》
乳《ちち》　飲んで
ヤァヤァ

今日は十五夜です。まんまるいお月様を眺めて、子どもをおんぶしたおばあさんが、外でこうして孫《まご》をあやしながらうたいます。

後ネなった烏《からす》
蛇《へび》ネかて
喰《か》れる

夕やけ空を、ねぐらに急ぐ烏。烏、早くお帰り、おくれると蛇にたべられるぞ。

からす　からす
んが《(あなたの)》家コ　やげるネ《(やけますよ)》
早ぐ帰って
水かげろ
水かげろ

西のお山は夕焼で真赤です。鳥の家が火事だと知らせ、早く水をかけろと叫ぶ子どもたちの口もとが愛らしく思われます。

あねこ《（ねえさん）》　ネコネコ
かながしら
魚《さかな》コ　食《く》たがテ
びんこ　立でだ

ちごまげにゆった妹が姉にこういって、からかうこともあります。

おんちゃま《（おとうと）》
大鰐《おおわに》の遠方の手
あんさま《（にいさん）》
青森のささぎの手

兄と弟の間で、こんなことを言いあったりします。ささぎはささげのことです。

けんけん　けなり
おぼしな稲荷《いなり》
尾《おっぱ》ごそ

ばよら

ともしびがあかあかとあかるいお部屋の中で、晩、子どもたちのじゃんけん遊びが、はじまります。

あど《(あと)》のなんば《(なんぱ)》コ
取れば　けーる《(あげます)》

夕食後、子どもらは外で遊んですごします。何人もつながって一人の子どもが、うしろの子供を追いかけます。

しょう、しょう、しょう、
正直婆《しょうじきばば》　腹立った
た、た、
狸の尾っぱ
八丈《はちじょっ》き
ぎ、き、
狐の尾っぱ
だんごのしょう

子どもらは、こたつにあたりながら、しりとり遊びに夢中です。この唄が何べんも繰り返されます。

さん　さん　じゃえ（庄屋）
さん　さん　こん（狐）
さん　さん　どん（かりうど）

これは、家の中で子どもが遊ぶ、遊びの一種で、庄屋と、かりうどと、狐の遊びです。

蜘蛛《くも》さま
蜘蛛さま
今日　何もないから
明日　ごへやー（おいでなさい）

晩、くいもが家の中に入ってきます。そのときこう言って帰してやります。

ねぷた　ながれろ
豆の葉　とっちばれ
はァ
ヤッサヤッサヤッサヤッサよ

真夏、旧七月一日から七月七日まで、津軽では、ねぷたを出します。町をねり歩く、扇どうろう、人形ねぷた、太鼓の音や、笛の音も勇ましく、外はまっ暗やみです。七日目の昼《なのかび》には、こうして叫んで通ります。

うさぎ　うさぎ
なぜ　耳ながい
笹で　もちゃぐちゃ
もちゃくちゃの笹の葉

かれんな兎。目が赤く、耳が二つぴんとたって、お耳が笹の葉に似《に》ているので、それによせて、こううたいます。

手うぢ　手うぢ
まきぎり　まきぎり
すてで　すてで
めめつぶ　めめつぶ
あっぺろ　バァ

祖母が孫をこうしてあやしながら、動作をさせ、最後に両手で顔をかくし、バァといいながら、両手をはなし、子どもを笑わせます。

亡者船《もじやぶね》さ
ついで行げば
きっと船ァ
岩サあがったりして
沈んでしまるどャ《（しまうそうだ）》
亡者船だキャ《（は）》
大した早いんだどォ《（たいしてはやいんだよ）》
小《ちい》せ、青白い、船コだネ《（おふねですよ）》

今日の海は、まっ暗で凄惨《せいさん》な海です。嵐もひどい。こんな晩には、亡者船が出るド《（でるよ）》。

火たもれ《（ください）》　火たもれ
あこネ《（あそこに）》火コ　ごえへん《（ありません）》
この山　越えで
あの沢　越えで
あの谷　越えで
ごごネ《（ここに）》　火コポッカポカ
ごごネ　火コポッカポカ

昔は火種をたやされませんでした。火がどんなに大切だったか、火をいただきたいという願望と、火がここにあるという安心がうたわれています。

ぺろぺろのカメコ
尊いカメコ
○○屁《へ》コ　ふたべがナ
○○屁コ　ふたべがナ
だれでも　かれでも
屁コふった方サ
ちょっとむげヨ

古代人は物の判断、判定にかぎ占《うらな》いをしていました。これは、紙で紙縒《こより》を作り、先を旗のように少しひらいてまげ、指でくるくる回してとめます。止った所で占って、物事をきめようとします。かぎうらないの名残りでしょう。

中の中の地蔵さま
なぜ背《せい》が低いの
おやの前で
魚《とと》　食って

それで背が低いの
後《うしろ》にえた者
だあれ

かーごめ、かごめと同じ遊びです。中に目かくしの子供が一人、しゃがんでいます。まわりを、手をつないだ子どもたちが、輪になってぐるぐるまわりながら、このうたをうたいます。うたい終って止り、中の子どものうしろの人をあてさせます。あてられた子どもが代って中へ入ります。

おやの前でとは、親の命日の日にということがいつの間にか前でとなったのでしょう。親の命日に精進《しょうじん》しなければならないのに、魚を食べたので、背が低くなったという意味と思われます。

本文中、現在では用いられない表記・表現がありますが、刊行当時の資料的意味と時代性を尊重し、そのままにしてあります。ご了承ください。

また、再刊にあたり、連絡のとれない関係者のかたがいらっしゃいます。ご存じの方がおられましたら、弊社までご連絡ください。

（編集部注）

［新版］日本の民話7
津軽の民話
一九五八年五月一五日初版第一刷発行
二〇一五年六月一五日新版第一刷発行
定価　本体二〇〇〇円＋税
編者　斎藤　正
発行者　西谷能英
発行所　株式会社　未來社
〒一一二—〇〇〇二
東京都文京区小石川三—七—二
電話（〇三）三八一四—五五二一（代表）
振替〇〇一七〇—三—八七三八五
http://www.miraisha.co.jp/
info@miraisha.co.jp
装幀　伊勢功治
印刷・製本　萩原印刷
ISBN978-4-624-93507-8 C0391

［新版］日本の民話

（消費税別）

1 信濃の民話 ＊二二〇〇円
2 岩手の民話 ＊二〇〇〇円
3 越後の民話 第一集 ＊二二〇〇円
4 伊豆の民話 ＊二〇〇〇円
5 讃岐の民話 ＊二〇〇〇円
6 出羽の民話 ＊二〇〇〇円
7 津軽の民話 ＊二〇〇〇円
8 阿波の民話 第一集 ＊二〇〇〇円
9 伊豫の民話 ＊二二〇〇円
10 秋田の民話 二二〇〇円
11 沖縄の民話 二〇〇〇円
12 出雲の民話 二〇〇〇円
13 福島の民話 第一集 二〇〇〇円
14 日向の民話 第一集 二〇〇〇円
15 飛驒の民話 二二〇〇円
16 大阪の民話 二〇〇〇円
17 甲斐の民話 二〇〇〇円
18 佐渡の民話 第一集 二〇〇〇円
19 神奈川の民話 二〇〇〇円
20 上州の民話 第一集 二〇〇〇円
21 加賀・能登の民話 第一集 二二〇〇円
22 安芸・備後の民話 第一集 二二〇〇円
23 安芸・備後の民話 第二集 二〇〇〇円
24 宮城の民話 二二〇〇円
25 兵庫の民話 二〇〇〇円
26 房総の民話 二〇〇〇円

＊＝既刊

27	肥後の民話	二〇〇〇円
28	薩摩・大隅の民話	二〇〇〇円
29	周防・長門の民話　第一集	二二〇〇円
30	福岡の民話　第一集	二〇〇〇円
31	伊勢・志摩の民話	二〇〇〇円
32	栃木の民話　第一集	二〇〇〇円
33	種子島の民話　第一集	二〇〇〇円
34	種子島の民話　第二集	二〇〇〇円
35	越中の民話　第一集	二二〇〇円
36	岡山の民話	二〇〇〇円
37	屋久島の民話　第一集	二〇〇〇円
38	屋久島の民話　第二集	二〇〇〇円
39	栃木の民話　第二集	二二〇〇円
40	八丈島の民話	二〇〇〇円
41	京都の民話	二〇〇〇円
42	福島の民話　第二集	二〇〇〇円
43	日向の民話　第二集	二〇〇〇円
44	若狭・越前の民話　第一集	二二〇〇円
45	阿波の民話　第二集	二〇〇〇円
46	周防・長門の民話　第二集	二二〇〇円
47	天草の民話	二〇〇〇円
48	長崎の民話	二〇〇〇円
49	大分の民話　第一集	二〇〇〇円
50	遠江・駿河の民話	二〇〇〇円
51	美濃の民話　第一集	二〇〇〇円
52	福岡の民話　第二集	二二〇〇円
53	土佐の民話　第一集	二二〇〇円
54	土佐の民話　第二集	二二〇〇円
55	越中の民話　第二集	二〇〇〇円
56	紀州の民話	二〇〇〇円

57 埼玉の民話 二〇〇〇円
58 加賀・能登の民話 第一集 二二〇〇円
59 大分の民話 第一集 二〇〇〇円
60 佐賀の民話 第一集 二〇〇〇円
61 鳥取の民話 二〇〇〇円
62 茨城の民話 第一集 二二〇〇円
63 美濃の民話 第一集 二〇〇〇円
64 上州の民話 第一集 二〇〇〇円
65 三河の民話 二二〇〇円
66 尾張の民話 二二〇〇円
67 石見の民話 第一集 二〇〇〇円
68 石見の民話 第二集 二〇〇〇円
69 佐渡の民話 第二集 二〇〇〇円
70 越後の民話 第二集 二〇〇〇円
71 佐賀の民話 第二集 二〇〇〇円

72 茨城の民話 第二集 二〇〇〇円
73 若狭・越前の民話 第二集 二〇〇〇円
74 近江の民話 二〇〇〇円
75 奈良の民話 二〇〇〇円
別巻1 みちのくの民話 二〇〇〇円
別巻2 みちのくの長者たち 二〇〇〇円
別巻3 みちのくの和尚たち 二〇〇〇円
別巻4 みちのくの百姓たち 二〇〇〇円